CATHRIN BRANDES & FLORIAN BOLK

LIQUID BERLIN

DIE STADT TRINKT / *THE CITY DRINKS*

LE SCHICKEN

Liquid Berlin - die Stadt trinkt !

Dieser recht hochprozentige Genussführer ist ein Porträt der Protagonisten und Produzenten der flüssigen Szene Berlins. Eine liebevolle Momentaufnahme der Orte an denen ausgeschenkt, gezapft, gemixt und geshaked wird und der großartigen Visionäre, Idealisten und Enthusiasten die genau das jeden Abend in der Hauptstadt tun. Sommeliers, Bartender, Bierbrauer, Schnapsbrenner und Spirituosenhändler... die persönlichen und fröhlichen Fotos von Florian Bolk zeigen sie hinter den Theken und vor den Regalen, an den Brau- oder Brennkesseln. Die Autorin Cathrin Brandes schreibt dazu kleine Geschichten und Anekdoten über gute Getränke, starke Typen und außergewöhnliche Orte.

Florian Bolk und Cathrin Brandes haben mit sechs ausgewiesenen Connaisseuren der Berliner Bar- und Getränkeszene gesprochen, über ihre Favoriten, über Trends, über die absoluten Must Goes und die klassischen Lieblingsorte.

Das Ergebnis der Gespräche sind sechs pralle Kapitel, grob unterteilt in folgende Kategorien: Hotelbars, Cocktailbars, Wein- oder Bierbars, Händler, Brauer und Brenner und noch einen Special Tipp. In jedem der Kapitel werden passende Produzenten, Händler, Gastronomen und sonstige Besessene vorgestellt. Wenn es passt, mit einem Rezept für einen Drink oder mit einer Weinbeschreibung. In einem weiteren Kapitel kommen Unterstützer, Kenner, Beobachter und Akteure hinter den Kulissen zu Wort.

Das Buch ist für Berliner und Berlin-Besucher gedacht und führt Genießer guter Getränke überall dorthin, wo das hochprozentige Herz der Stadt schlägt. Wer gerade nicht in Berlin ist, kann sich mit den Geschichten und Rezepten trösten und sich dabei auf den nächsten Berlinbesuch freuen. PROST!

Monkey Bar

Liquid Berlin - the city drinks !

The relatively high proof enjoyment guide is a portrait of producers and protagonists of Berlins liquid scene. Loving snap shots of places where people serve, pour beer, mix and shake and of the visionaries, idealists and enthusiasts, who do that every evening in the Capital. Sommeliers, barkeepers, brewers, distillers and distributers, the intimate and cheerful photographs of Florian Bolk show them behind the bar, in front of the shelves, at the brew or distillery kettles. The author Cathrin Brandes contributes small stories and anecdotes about good drinks, strong personalities and exceptional places.

Florian Bolk and Cathrin Brandes talked with six acknowledged connoisseurs of the Berlin drink and bar scene, about their favorites, trends, the absolute must goes and the classic popular places. The result is six bulging chapters, roughly divided in the following categories: Hotel bars, cocktail bars, wine and beer bars, distributers, brewers, distillers and a special tip. In every chapter you find the matching producers, distributers, gastronomers and other obsessed; and also, if it fits, a recipe for a drink or a wine description. In a further chapter, supporters, experts, observers and players behind the scenes get a chance to speak.

The book is meant for Berliners and Berlin visitors, and takes connoisseurs of good drinks where the high-proof heart of the city is beating. Who isn`t in town just now, finds consolation in stories and recipes and can look forward to the next visit. CHEERS!

INHALT

IMPRESSUM

AUTORIN: Cathrin Brandes
FOTOGRAFIE: Florian Bolk
KONZEPT: Le Schicken Verlag
REDAKTION: Cathrin Brandes/www.tidbits.de
KOORDINATION: Astrid Kaspar, Katja Pusch
LEKTORAT: Mareike Frühbis
ASSISTENZ: Marian Rudhart, Louisa Fortwengel
ÜBERSETZUNG: Matthias Neumann, Susan Reed-Neumann

GESTALTUNG: www.vimonda.de
Michael Frühbis, Ron Bruhn
POSTPRODUKTION: André Wagenzik
TITELFOTO: Le Labo, Berlin
COVERMODEL: Aaron Plantener
MODEL RÜCKSEITE: Marian Rudhart
DRUCK: druckhaus köthen GmbH & Co.KG
VERTRIEB BUCHHANDEL: Umschau Verlag

Liquid Berlin - die Stadt trinkt.
von Florian Bolk & Cathrin Brandes

www.le-schicken.de

Billy Wagner

Wirt / *Host*

"Egal wo, man muss wieder mehr anstoßen!"

"No matter where, start toast and rock it!"

Enfant terrible der Berliner Weinszene, Popstar der deutschen Sommeliers, Exzentriker unter den Gastronomen... Billy Wagners Ruf eilt ihm voraus. „Ich trinke, also bin ich", so sagt er und wo er recht hat, hat er recht! Gleichgeschaltete Getränke findet er blöd und serviert in seinem Restaurant Nobelhart & Schmutzig nicht nur eigensinnige Weine sondern auch abgefahrene Säfte, seltene Teesorten und äußerst individuelle Spirituosen.

Enfant terrible oft he wine scene in Berlin, popstar among the German sommeliers, eccentric among the gastronomers... Billy Wagners reputation procedes him. „I drink, therefore i am" is what he says and when he is right, he is right! Standardized drinks he considers to be stupid and in his restaurant „Nobelhart & Schmutzig" he not only serves wines full of character, but also wacky juices, rare teas and highly individual spirits.

Theo Ligthart

Spirituosenhersteller / *Producer of spirits*

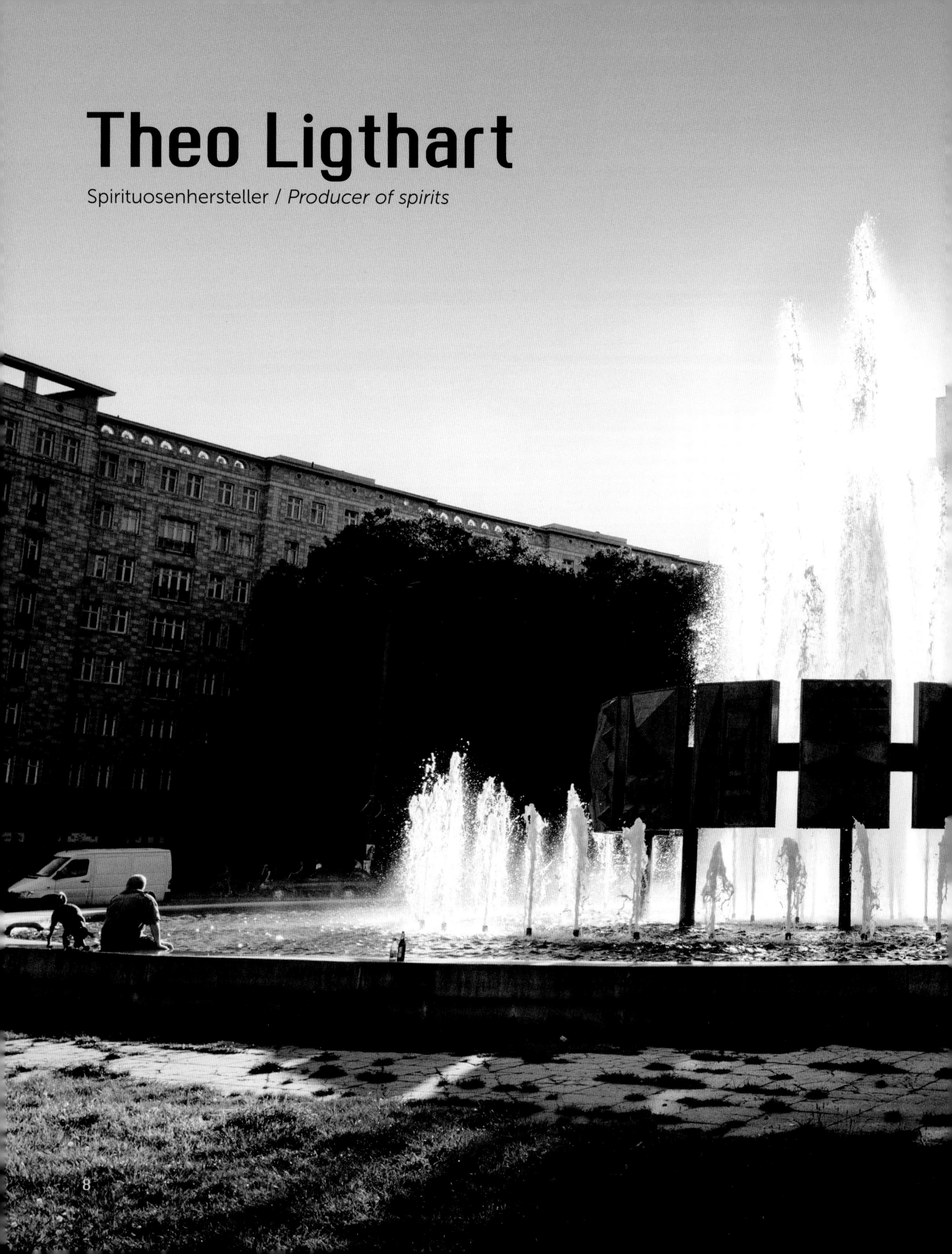

Straußberger Platz

Theo Ligthart in der Preussischen Spirituosen Manufaktur / *Theo Ligthart at Preussische Spirituosen Manufaktur*

Von Kunst, Korn und Qualität

Ob es sie ohne Theo Ligthart gegeben hätte? Vielleicht. Vielleicht auch nicht. Sicher ist, dass die Renaissance des Kornbrands durch den niederländischen Künstler und Unternehmer mit der Wiener Sozialisation ganz wesentliche Impulse erfahren hat. Mit gleich zwei handwerklich hergestellten Getreidebränden hat er die Rückkehr dieser vergessenen Spirituose eingeläutet und hochwertige Alternativen zum omnipräsenten Wodka geschaffen. Doch damit nicht genug! Für "Das Korn" und "Steinreich", so der Name seiner Destillate, und für alle anderen handwerklich hergestellten Spirituosen aus Berlin und anderswo, gründete er das Craft Spirits Festival Destille Berlin. Was vor fünf Jahren klein anfing, hat sich mittlerweile zum wohl wichtigsten Festival für Craft Spirits in Kontinentaleuropa gemausert. Auch als Mitbegründer einer neuen Plattform für Brenner und Experten, dem Freimeisterkollektiv, tritt er ein für höchste Standards, einmalige Spirituosen und ganz besonderen Genuss.

About art, spirits and quality

Would they have existed without Theo Ligthart? Perhaps, perhaps not, but for sure the renaissance of wheat brandy received important impulses by the Dutch artist and entrepreneur with the viennoise socialization. He started the return of the forgotten spirit with two manually produced grain spirits and created high-quality alternatives to the omnipresent vodka. But that´s not all, he established the Craft Spirits Festival Destille Berlin for his distillates, called "Das Korn" and "Steinreich", and other manually manufactured spirits from Berlin. Starting small, five years ago, the event is now one of the most important festivals for craft spirits in continental Europe. Also a co-founder of the "Freimeister Kollektiv", a new platform for distillers and experts, he stands for highest standards, unique spirits and a very pleasurable drinking experience.

Panama liegt in Berlin

Eine Prise Karibik, ein Hauch Kolonialstil, ein Schuss Berlin. Das Ergebnis ist ein wunderschönes Restaurant mit Bar, über das sowohl Gastrokritiker als auch Einrichtungsmagazine mit reichlich Lob berichten. Das zweistöckige Panama liegt in einem malerischen Hinterhof an der wieder aufstrebenden Potsdamer Straße. Es ist das zweite Projekt von Ludwig Cramer-Klett, der auch das Katz Orange und das Contemporary Food Lab ins Leben gerufen hat. Die Bar von seinem Barchef Phum Sila-Trakoon und dem Bar-Team liegt im Erdgeschoss. Man kann hier den Abend beginnen, beenden oder gleich ganz verbringen, denn die Cocktailkarte lädt zum ausgedehnten Reisen ein. Auf den Spuren vom legendären Abenteurer Marco Polo hat Phum Sila-Trakoon Cocktails kreiert, die auf die exotischen Aromen der Stationen seiner Reise aufbauen. Fernweh mit Geschmack und Stil!

Panama

Restaurant & Bar

Phum Sila-Trakoon und Max Heidenreich

Panama is in Berlin

A touch of the Caribbean, a dash of colonial style, a pinch of Berlin - the result is a wonderful restaurant with a bar that is praised by restaurant critics and interior design magazines. The two-storied Panama is situated in a courtyard in the striving Potsdamer Straße. It is the second project of Ludwig Cramer-Klette, who started Katz Orange as well as the Contemporary Food Lab. The bar of bar manager Phum Sila-Trakoon, situated in the first floor, welcomes you to start, end or even spend the whole evening, because the bar menu transfers you to faraway places of the world. Following the footsteps of Marco Polo, Phum Sila-Trakoon created cocktails which are built on the aromas of Marco Polo`s journey. Wanderlust with taste and style.

MARSHMALLOW

1 EL/*Tbls* Puderzucker / *Powder sugar*
2 EL/*Tbls* Speisestärke / *Cornstarch*
6g Gelatine / *Gelatin*
300g Zucker / *Sugar*
230g Zuckerrübensirup / *Corn Syrup*

Zucker und Sirup auf 121°C erhitzen, Gelatine einweichen. Zucker abkühlen lassen, dann mit einem Rührgerät mit der Gelatine vermengen, bis eine schaumige Konsistenz entsteht. Puderzucker und Stärke mischen und auf ein Blech geben. Masse darauf geben, mit der Stärkemischung bestäuben, erhärten lassen. Zuletzt schneiden, aufspießen und abflämmen
Cook the Sugar and Corn Syrup until it reaches 121°C on a candy thermometer, soften gelatin in water, let the sugar and corn syrup mixture cool and then mix together with the gelatin, with a standing mixer, until it is a creamy consistence. Mix together the powdered sugar and cornstarch and put it on a baking sheet, then spread the mixture on baking sheet and sprinkle with the cornstarch, powder sugar mixture. When the mixture has harden up cut into cubes, put on a skewer and roast.

CAFÉ-EIS / COFFEE-ICECREAM

250g Konzentrierter Café / *Concentrated coffee*
250g Sahne / *Cream*
100g Eigelb / *Egg yolk*
75g Zucker / *Sugar*
25g Glukose / *Glucose*

Eigelb und Zucker schaumig schlagen, Café, Sahne und Glukose erhitzen, auf das Eigelb geben, gut verrühren und zur Rose abziehen, einfrieren / *Beat egg yolk and sugar until creamy, heat together the coffee, cream and glucose, mix together the two mixtures and emulsify over a water bath, freeze.*

CAFÉ-KARAMELL. 50g Zucker, 50g Glukosesirup, 25g Wasser auf 130°C erhitzen und zu einem Karamell kochen, mit konzentriertem Café ablöschen, aufkochen, in eine Spritzflasche abfüllen / *COFFEE-CARAMEL: 50g sugar, 50g glucose syrup, 25g water, cook until caramel colored until 130°C, add a strong espresso, cook and put in a squeeze bottle.*

KAKAO-STREUSEL. 150g Kakaopulver, 100g Mandelgries, 150g Butter, 150g Mehl, 150g Puderzucker vermengen, Streusel formen und auf einem Blech bei 150°C ca. 20 Min. backen / *CHOCOLATE CRUMBLES: 150g chocolate powder, 100g course almond flour, 150g butter, 150g flour, 150g powdered sugar, mix all the ingredients together and form into crumbles and bake at a 150°C for 20 minutes.*

WEISSE SCHOKOLADENGANACHE. 100g weiße Kuvertüre, 50g Sahne. Sahne aufkochen, über die Kuvertüre geben, dabei vermengen, in einen Spritzbeutel mit Tülle abfüllen / *WHITE CHOCOLATE GANACHE: 100g white chocolate, 50g cream, cooked the cream to just boiling remove and pour over the white chocolate, mix and put into a decorating bag with a tip.*

ANRICHTEN: Den Paprikacoulis als „Splash" in der Schale anrichten, die Ganache und das Karamell als verschieden große Punkte auf den Teller geben, dazwischen Johannisbeeren verteilen, mit den Streuseln garnieren, den Marshmallow auf einen Holzspieß pieken, abflämmen und auf dem Rand der Schale platzieren. Eine Nocke Eis darauf setzen, mit Aniskresse garnieren.
Assemble: A splash of pepper coulis on a dessert plate, two different size dollop, of ganache and caramel, arrange currant berries, then garnish with the crumbles and the roasted marshmallow, then place a scoop of ice cream on the plate and garnish with anise cress.

NAME IST SCHALL UND RAUCH

„Nenn' es dann wie du willst,
Nenn's Glück! Herz! Liebe! Gott!
Ich habe keinen Namen
Dafür! Gefühl ist alles;
Name ist Schall und Rauch".
"Call it then what you wish, Joy! Heart! Love! God! I have no name for it! Feeling is all/ Names are sound and smoke"
J.W. Goehte, Faust I, Vers 3456 f.

30ml Star of Bombay Gin
20ml Belsazar Rosé Vermouth
10ml Belsazar White Vermouth
30ml Campari
Cabernet-Sauv.-Holz zum Räuchern / *wood to smoke*
1 Orangenzeste / *Orange zest*

Star of Bombay Gin, Belsazar Rosé, Belsazar White und Campari in einem Rührglas verrühren und in eine Apothekerflasche abfüllen und 2 Wochen lagern. Gästeglas mit einer Orangenzeste garnieren. Vor dem Servieren, in der Flasche mit Cabernet-Sauvignon-Holz ausräuchern und verkorken.
Mix together all of the above ingredients, fill it into an apothecary bottle and let rest for 2 weeks. Before serving smoke the liquor with the wood of Cabernet Sauvignon and cork, then garnish the glass with orange zest.

Becketts Kopf

Bar

Klassisch aber nicht old fashioned

Als Oliver Ebert und Cristina Neves vor 12 Jahren ihre Bar Becketts Kopf eröffneten, wurden sie zu Pionieren einer neuen Bar-Ära in der Hauptstadt. Eine klare Fokussierung auf klassische Cocktails aus der Zeit der Wende vom 19. ins 20. Jahrhundert, das gab es so noch nicht in Berlin. Die Pionierarbeit war anfangs hart, dann aber sehr erfolgreich. Auf einmal war alles da: Gäste, Lob und sogar Auszeichnungen. Die kleine Bar am Prenzlauer Berg wurde, und ist nach wie vor, ein Must Go für Genießer, Kenner und Kollegen aus aller Welt. Natürlich ist an der Getränkekarte im Becketts Kopf die Zeit auch nicht spurlos vorübergegangen. Was mit einem klassischen Stil begann, wurde immer radikaler. Radikal klassisch. Und aus dieser radikalen Klassik heraus begannen Oliver Ebert und Cristina Neves ihren eigenen, mittlerweile unverwechselbaren Stil zu entwickeln. Was sie dabei besonders auszeichnet, ist die enge Zusammenarbeit mit den handwerklich arbeitenden Brennern, von denen ihre sorgsam kuratierte Spirituosenauswahl stammt. Einmal Pionier, immer Pionier.

Classic but not old fashioned

When Oliver Ebert and Cristina Neves opened their bar "Becketts Kopf" 12 years ago, they became pioneers of a new bar era in Berlin. A clear focus on cocktails from the turn of the century was non-existent in Berlin. The beginning was hard, but the bar became very successful. All of a sudden everything was happening, the customers came, so came praise and even awards. The small bar in Prenzlauer Berg was and still is a "must go" for connoisseurs, experts and associates. Nevertheless, the time left its mark on the menu, what started classically, became radical and developed into their more unique style. What is characterizing for their drinks is the cooperation with traditional distillers, who they choose their carefully selected spirits from. Once a pioneer, always a pioneer.

FORREST

40ml Bourbon Four Roses Single Cask
10ml Single Malt Finlaggan
20ml Zirbengeist Farthofer / *Arolla pine spirit*
10ml Walnusslikör Liebl / *Walnut liqueur*
2 Sprays Rosmaringeist / *Rosemary spirit*
1 ds Bitters Bittermen`s Boston

Der Italiener unter den Weinbars

In dieser kleinen, eleganten Bar ist das Angebot im besten Sinne sehr regional - nämlich italienisch regional. Weißwein, Rotwein, Spumante, Käse, Schinken und Salami... fast alle kommen aus dem Valle d'Agno im Hinterland Venetiens. Damit ist das Thal eine der besten Adressen in der Stadt für ein authentisches Aperitivo nach Venezianischem Vorbild. Auch die kleinen Speisen, die Küchenchef Adriaan Held aus der Küche zaubert, sind natürlich italienisch inspiriert und so angerichtet, dass man sie im Stehen essen kann. Denn Tische sind, wie in jeder echten italienischen Bar, nicht vorgesehen. Man steht an der Theke und freut sich, wenn dort die Eselsalami über die Aufschnittmaschine gleitet und vom Sommelier Michael Neunhäuserer und Michele Scarcella der Spumante eingeschenkt wird. Aperitivo eben. Cin Cin !!!

Thal

Weinbar / *Winebar*

Michael Neunhäuserer

Michele Scarcella

Adriaan Held (rechts)

The Italian among the wine bars

The selection in the small elegant bar is in the best sense regional- regional Italian in particular. White wine, red wine, spumante, cheese, ham and salami - almost everything from the Valle d´Agno in the back country of venetians. With that, the Thal is the best address in town for authentic aperitif in Venetian style. As well as the small specialties, which the chef Adriaan Held magically produces in his little kitchen that are inspired by Italy and prepared so you can eat them standing up - tables are, like in a real Italian bar, not planned. Customers are standing at the bar, happy to see the original salami to be cut or to watch sommelier Michael Neunhäuserer and Michele Scarcella pouring Spumante. Aperitifo, you see. Cin Cin !!!

MASARI, VALLE D'AGNO,

Arianna Tessari und Massimo Dal Lago haben vor 20 Jahren ihr spannendes Projekt begonnen: Sie wollten in dem Gebiet, wo sie Ihre Wurzeln haben, dem Agno-Tal, wieder den Weinbau aufleben lassen - auf höchstem Niveau und mit Respekt für Landschaft und Terroir. Was die Weine prägt, sind vor allem die vulkanischen und kalkhaltigen Böden, die ihnen eine starke Persönlichkeit verleihen. Trotzdem bleiben die Weine sehr zugänglich Z.B. der Agnobianco, eine Cuvée aus Garganega, Durello und Riesling.

Wer es anspruchsvoller und mineralischer mag, dem sei der 4-Elementi Bianco empfohlen: 100% Garganega ganz ohne zugesetzten Schwefel, dadurch bekömmlicher und mit spannender, salziger Mineralität, Zitrusfrüchten und Akazienhonig am Gaumen ein Wein zum lange nachschmecken...

Der San Martino, eine Cuvée aus Cabernet Sauvignon und Merlot, ist in der Lage alle Weinfreunde an einem Tisch unter einem Wein-Hut zu bringen ! Und das mit Persönlichkeit, Trinkfluss, Eleganz.

Masari ist das edelste Pferd im Stall. Nicht umsonst heisst er „nur" Masari ! Aus den besten Trauben (Cabernet und Merlot) 20 Monate in Barrique vinifiziert. Ein Charmeur, aber was für einer ! Edel, warm, opulent aber mit adliger Kühle. Eine Flasche ist immer zu wenig...

Beim Doro sind Mutter und Vater wieder Garganega und Durello. Diesmal werden die Trauben sehr spät gelesen und auf Stroh teilweise getrocknet. Daraus entsteht ein exotisches Elixier das nach Dörrobst duftet aber so gar nicht klebrig wirkt, denn die Säure reist als blinder Passagier.

MASARI, VALLE D'AGNO,

Wines from Arianna Tessari and Massimo Dal Lago, Agno Valley, Italy.

The Agno Bianco, a Cuvee from Garganega, Durello and Riesling combines the full body of volcanic and minerals of a lime rich soil. For those who like it a little more complex and more mineral, we recommend the 4-Elementi Bianco 100% Garganega without added sulfur, therefore more palatable with salty mineral, citrus fruit, and acacia honey, a wine with a long finish.

The San Martino, a Cuvee from Cabernet Sauvignon and Merlot, is an Italian with character, beautiful flow and elegance.

Masari is the top of the line. Made from the best grapes of the Cabernet and Merlot and vinified for 20 months in barrique, Fine, warm, opulent but with noble coolness.

The Doro, made from Garganega and Durello grapes. The grapes are harvested very late and are partially dried on straw. The result is an exotic elixir with the scent of dried fruit, that doesn`t stick to the palate and has a pleasant integrated acid, goes well with pastries and blue cheese.

Mezcalería Berlin

Shop

Mezcal. Mexico. Berlin.

Experte, Importeur, Händler, Botschafter. Axel Huhn ist mit seinem Online-Shop Mezcalería Berlin die erste Adresse für Mezcal in der Hauptstadt und das schon seit der Zeit, als das Agavendestillat noch kein hippes Trendgetränk war. Ein doppelter Entwicklungshelfer ist er auch. In Mexico hat der Architekt in abgelegenen Regionen mit der indigenen Bevölkerung zusammengearbeitet und dort authentischen Mezcal kennengelernt. In Berlin hat der überzeugte Mezcal-Fan bei Bartendern und Spirituosenfreunden Aufbauarbeit geleistet und die handwerklich erzeugte Spirituose mit den aufregenden rauchigen Noten in den besten Bars der Stadt positioniert. Axel Huhn importiert nur Mezcal von Produzenten die er kennt, die er besucht hat und deren Handwerk er schätzt. Die mühsame Ernte der Agaven, das Dämpfen der Agavenherzen in Erdlöchern, die Fermentation mit wilden Hefen und die zweifache Destillation in Tontöpfen oder Kupferkesseln, alles geschieht von Hand und in kleinen Mengen. Das Ergebnis sind einzigartige Spirituosen, von denen es eine in Deutschland einzigartige Auswahl bei der Mezcalería Berlin gibt.

Mezcal. Mexico. Berlin.

Expert, Importer, Dealer, Ambassador: Axel Huhn with his online shop Mezcalería Berlin is the first address for Mezcal in the capital even before it became a hip trend beverage. He is a development aid worker in two accounts. In Mexico he worked as an architect in remote areas with the indigenous population and got to know authentic Mezcal. In Berlin the dedicated Mezcal fan convinced bartenders and spirituous friends to position his handmade liquors with the exciting smoky flavor in the best bars in town. Axel Huhn only imports Mezcal of producers he knows, has visited and respects their work. The laborious harvest of the Agaven, the steaming of the plant parts in holes in the ground, the fermentation process with wild yeast and the double distilling in clay pots and copper cauldorns, everything is done by hand and in small batches. The result is an unique, rare liquor, which the Mezcalería Berlin offers exclusive selections off, that is unique in Germany.

NAUEN

Preussische Spirituosen Manufaktur

Spirituosenhersteller / *Producer of spirits*

Von Tradition & Handwerk

Das preussische Kabinett beschließt im Jahre 1874 die Errichtung der „Versuchs- und Lehranstalt für Spiritusfabrikation" und legt damit den Grundstein für die Likör- und Trinkbranntweinherstellung im Berliner Wedding. Die um 1900 sehr beliebten „Adler Spirituosen" können aber nach den beiden Weltkriegen nicht mehr an den einstigen Glanz anknüpfen und geraten in Vergessenheit. Bis im Jahre 2005 Dipl.-Ing. Prof. Dr. Ulf Stahl und Dipl.-Hotelier Gerald Schroff die Traditionsmarke „Adler" mit einem Gin und einem Wodka wiederaufleben lassen und wenige Jahre später die noch im Originalzustand von 1874 befindliche Manufaktur ganz übernehmen. Die Preussische Spirituosen Manufaktur ist ein faszinierender Ort der Berliner Destillationsgeschichte. Die neuen Inhaber legen Wert auf beste Rohstoffe, hausgemachte Mazerate und Destillate. Aufwändige Verfahren und monatelanges Ruhen in antiken Steingutgefäßen zeichnen die zu neuen Ehren gekommenen Brände und Liköre des Hauses aus. Was die beiden besonders freut: In Aufbau- und Meisterkursen für Destillateure wird das in mittlerweile 150 Jahren angesammelte Wissen der ehemaligen Preussischen Lehranstalt weitergegeben und in die Welt hinausgetragen.

From Tradition & Handcrafted

The Prussian cabinet decides in 1874 to build "the research and educational institute for spirit production" and lays the foundation for the liquor and brandy-production in Berlin, Wedding. The "Adler Spirituosen", very popular around 1900, couldn`t live up to their former glory after the two world wars and is soon to be forgotten. In 2005 Dipl.-Ing. Prof. Dr. Ulf Stahl und Dipl.-Hotelier Gerald Schroff reactivate the traditional brand „Adler" with the production of Gin and vodka, to take over the still original manuf... from 1874. A few years later the "Preussische Spirituosen Manufaktur" is a fascinating place in the Berliner history of distilling. The new owners attach great importance to the use of the finest raw materials, homemade macerates and distillates. The elaborate processes and month long storage in antique stoneware distinguishes the brandies and liquors of Preussische Spirituosen Manufaktur. Advanced and master courses for distilling take the 150 year old knowledge and spread it abroad, which ma... the two owners especially happy.

Dipl.-Ing. Prof. Dr. Ulf Stahl, Samantha Stanojevic, Henning Menke, Gerald Schroff

Heidenpeters

Brauerei / *Brewer*

Von der Kunst zur Braukunst

Johannes Heidenpeter ist einer der Pioniere der Berliner Craft Beer Szene und ist so quer eingestiegen, wie man nur quer einsteigen kann. Eigentlich hat er in Braunschweig beim Beuys-Schüler Walter Dahn Kunst studiert. Dann ist er nach Berlin gezogen und war ein Künstler mehr in der Stadt. Allerdings ein Künstler der zu Hause Bier gebraut hat. Und den das Brauen so gepackt hat, dass er von der Kunst zur Bierkunst abgewandert ist. In der Markthalle Neun fand er 2012 eine Heimat in Form eines 35m² großen Kellers und einer kleinen Bar mit drei Zapfhähnen. Das genügte ihm, um sich mit seinen unkonventionellen Bieren und seiner unerschrockenen Herangehensweise schnell Freunde zu machen. Limitierte Sondersude wie die beerige Framboise, das mit Orangenschalen gebraute Dry Saison oder das mit weihnachtlichen Gewürzen aromatisierte Red Flandern Winter sind schnell komplett ausgetrunken. Genauso schnell wurde die kleine Brauanlage zu klein und seitdem befindet sich Johannes Heidenpeters Kellerbrauerei eigentlich in einem konstanten Erweiterungsumbau. Seinen Suden tut dies keinen Abbruch und die Fans seiner Biere freuen sich, wenn sie mehr davon trinken können!

From Art to the art of Brewing

Johannes Heidenpeter is one of the pioneers of the Berliner Craft Beer scene, who has come from a totally different profession. Actually, he studied art in Braunschweig with Beuys student, Walter Dahn. Then he moved to Berlin and so there was one more artist in town, an artist that brewed beer at home. He was so intrigued with brewing beer that he went from being an artist to the art of brewing beer. His fearless approach and the unconventional beers were enough to make friends fast. The limited special brews like the fruity Framboise, or the orange peel brewed Dry Season and the Christmas spiced Red Flandern Winter are quickly sold out. Just as fast the brewery arrangement became too small, and since then Johannes Heidenpeters cellar brewery is in a constant process of expanding. But it doesn`t hinder him in his brewing, and the fans of his beers are glad when they can drink more!

Katz Orange

Bar-Restaurant

Feel Good!

Als das Katz Orange im Jahr 2012 eröffnete, hat es Berlin in eine andere Restaurant-Liga katapultiert. Soviel lässigen Chic, soviel urbane Nonchalance, das gab es bislang nur in anderen Metropolen. Die Vintage-Einrichtung in diesem Restaurant mit Bar ist genauso ein elegantes, internationales Sammelsurium wie die Speise- und Getränkekarte. Beide zelebrieren Heimisches genauso wie Exotisches und binden Nachhaltigkeit ganz zwanglos und unaufdringlich in das Konzept mit ein. Der Inhaber Ludwig Kramer-Klett ist auch Gründer des Contemporary Food Lab und hat einen untrüglichen Sinn für die gastronomischen Zeichen der Zeit. Deswegen hat er auch eine Bar in sein Restaurant integriert, die genauso kreativ saisonal und nachhaltig arbeitet wie die Küche, egal ob Naturweine serviert werden, Cocktails oder passendes Barfood wie Maldon Auster.

Feel Good!

Opening in 2012, Katz Orange pushed Berlin in to another restaurant league. So much casual chic, so much urban nonchalance was only in existence in other major cities. The vintage interior as well as the food and drink menu is a stylish and international conglomeration. Both local and exotic produce are celebrated and sustainability is well integrated in the concept. The owner Ludwig Kramer-Klett is also founder of the Contemporary Food Lab and has an unfailing feel for the sign of the times. Because of that, he puts a bar in his restaurant that is creative, seasonal and cares for sustainability as well as the kitchen does. No matter if natural wines are served, cocktails or bar food like Maldon Oysters.

Oliver Mansaray, Chef de Bar

SZECHUAN PEPPER MARTINI

5cl Star of Bombay mit Szechuan Pfeffer aromatisiert
Star of Bombay flavored with Szechuan pepper
1,5cl geklärter Limettensaft / *clear lime juice*
1cl Zucker / *sugar*
Spritzer Bittermens hopped grapefruit bitters.
Splash of Bittermens hopped grapefruit bitters.

Rühren, in Glas abseihen. Birne ist mit Yuzu Shochu vakuumiert, dann hauchdünn aufgeschnitten Roher Schinken im Dörrofen getrocknet.
Stir and strain into a glass, pear vacuumed with Yuzu Shochu, cut into thin slices, dried raw ham.

MALDON AUSTERN / *MALDON OYSTERS*

3 Austern / oysters
1 Schalotte sehr fein würfeln und mit 3 EL Estragonessig vermengen. Die Vinaigrette über die frisch geöffneten Austern träufeln und mit frischem Estragon garnieren.
Finely dice 1 shallot and mix with 3 tbsp tarragon vinegar drip vinaigrette on the freshly opened oyster and decorate with fresh tarragon

Meryem Celik

Moderatorin / *Moderator*

Marian Rudhart und Meryem Celik auf der Terrasse der Monkey Bar

Bars on air

Die Stadt schläft nicht. Im Gegenteil. Nachts erwacht Berlin erst richtig zum Leben. Nachts wird Gas gegeben, man hat ja schließlich einen Ruf zu verlieren. Die Spätschicht Berlins übernehmen die Nachtschwärmer, die Clubgänger, die Tanzwütigen und Kneipengeher. Barflies. Den Menschen, die vor und hinter den Theken der Berliner Getränkeetablissements die Nacht zum Tage machen, widmet die passionierte Moderatorin Meryem Celik die Radiosendung radioeins Barfly. Seit acht Jahren präsentiert sie die Mixologen, Gastronomen und Bartender der Hauptstadt, sie spricht über Lieblings-Cocktails und Lieblings-Musik, über Trends, über Stadtgeschichte und über Barkultur im Allgemeinen und im Besonderen. Als sie angefangen hat, hätte sie nicht vorherzusehen gewagt, wie unglaublich facettenreich sich die Barszene Berlins entwickeln würde. Mit der in Deutschland einzigartigen Sendung ist Meryem Celik inzwischen selbst Teil der Nachtkultur Berlins geworden.

Bars on air

The city doesn`t sleep. On the contrary, Berlin really comes to life at night, step on the gas, it has a reputation to lose. The night shift gets taken over by the night owls, the clubbers, the dance enthusiasts, the pub crowds and barflies. Meryem Celik dedicated her radioeins program Barfly to the people that turn the night into day, in front or behind the bars. For eight years now she presents the mixologists, restaurant owners and bartenders of the capital, she talks about favorite cocktails and music, about trends, stories and in general and particularly about bar-culture. When she started, she would not have thought, how diverse the bar scene in Berlin would become. By now Meryem Celik became part of the night culture of Berlin with her unique radio program.

Meryem Celik im Le Labo, Kreuzberg

Monkey Bar

It's Tiki time

Einmal in den 10. Stock, bitte! Nicht nur durch den einmaligen Blick auf den Affenfelsen im Zoologischen Garten und die Highlights der City-West hat die Monkey Bar im 25hours Hotel die Herzen der Berliner und der Berlinbesucher in affenartiger Geschwindigkeit erobert. Das lichte Interieur ist von sicherer Hand aus Vintage und Design eklektisch und unaufdringlich bunt zusammengestellt. Die Gin-Auswahl auf der Karte ist sehr erfreulich. Doch die Dschungeltiere der Hauptstadt freuen sich besonders über den anderen Schwerpunkt der Karte: Tiki-Drinks! Dieser exotisch-fruchtige Cocktail-Stil aus den 30er Jahren lässt durch Zutaten und Deko einen Hauch Südsee-Nostalgie durch die Monkey Bar flattern. Das Fernweh bekämpft man am besten mit einem Don the Beachbomber Mai Tai, der nach dem Erfinder des Tiki-Stils benannt ist. Barchef Luca Maranta serviert ihn stilecht aus einer zu einem Affenkopf geschnitzten Kokosnuss. Very Tiki!

It's Tiki time

The 10th floor, please! The Monkey Bar in the 25hours Hotel captured the hearts of the Berliners and Berlin visitors with a spectacular view of the monkeys in the zoological garden and over the city. The light interior is put together with old and new that creates an eclectic and colorful design. The gin selection is great, but the jungle animals of Berlin are especially happy about the other drinks in the menu: the Tiki-drinks! This fruity exotic cocktail style lets a breath of the 30s waft through the Monkey Bar. You fight your wanderlust the best with a Don the Beachbomber Mai Tai, named after the creator of the Tiki style and served by the bar manager Luca Maranta, in a coconut, shaped like a monkey head.

DON THE BEACHBOMBER MAI TAI

3cl Wray & Nephew OP
3,5cl Tiki Lovers Dark
1,5cl Cointreau
3cl Grapefruitsaft / *Grapefruit juice*
3cl Limettensaft / *Lime juice*
1,5cl Falernum
6 Tropfen Arak / *Dip of Arak*
3 ds Angostura Bitter

Shaken, kleines Glas, Minzkrone, Cocktailkirsche
Shake, small glas, mint, maraschino cherry

DUKE Bar & Lounge

Michael Schulz, Maximilian Wicke, Florian Glauert

Nicht nur Fassade

Seit das Hotel Ellington 2007 in dem Gebäude mit einer der längsten und schönsten Fassaden der deutschen Moderne eröffnet hat, ist die Duke Bar ein beliebter Treffpunkt in der City West. Ihr ist es zu verdanken, dass es wieder so etwas wie ein Nachtleben in der Gegend um den Wittenbergplatz gibt. Das war früher mal anders, denn in dem ehemaligen Haus Nürnberg eröffnete in den 1930er-Jahren ein elegantes Ballhaus. Nach dem Krieg war das Haus mit dem Jazzschuppen "Badewanne" und der legendären Diskothek "Dschungel" ein beliebter Amüsiertempel. Für die klangvollen Namen von Hotel und Bar stand übrigens Jazzlegende Duke Ellington Pate, der in der berühmten „Badewanne" aufgetreten ist. Heute werden in der modern und schlicht designten Duke Bar saisonal wechselnde Drinks mit vielen hausgemachten Zutaten serviert, wie z.B. den Chuparrosa.

Not just an exterior

Since the Hotel Ellington opened its doors in 2007 in a building with one of the largest and most beautiful exterior of the early 20th century, the Duke bar is a popular meeting place in the city west. It is owed to the Duke bar that there is a night life existing in the area around Wittenberplatz. That was not always like that, because in the former Haus Nürnberg opened an elegant dance hall in the 30s and after the war the place was known for the jazz club "Badewanne" and later the discotheque "Dschungel". The inspiration for the famous name of the Hotel Ellington and Duke Bar is, by the way, Jazz legend Duke Ellington, who performed here in the club "Badewanne". Today in the modern, modest designed Duke Bar the bar team serves seasonal drinks with homemade ingredients, like the Chuparrosa.

Rinderrippe mit Maronencreme, gehobelte Steinpilze, Amarettini Crumble, Bittersalat

4 Personen / *Persons*

400g Rinderrippe ohne Knochen / *Beef ribs*
200g Maronen / *Chestnuts*
1 Steinpilz / *Porcini mushrooms*
8 Stück Amarettini / *Ameretti Biscuits*
12 kleine Blätter Radicchio / *Radicchio leaves*
6 Brombeeren / *Raspberries*
Shiso Kresse / *Shiso cress*
300g Mirepoix / *Diced onions, carrots, celery*
1 l Rotwein / *Red wine*
50ml Sahne / *Cream*
1 Bund Thymian / *A bunch of thyme*
200ml Sojasauce / *Soya sauce*
Meersalz, Pfeffer schwarz, Rohrzucker
Sea Salt, Black Pepper, Raw Sugar

Rinderrippe mit Pfeffer, Rotwein und Sojasauce vakuumieren. 24 h kühlen. Fleisch in einem Bräter scharf anbraten, herausnehmen und das Mirepoix (Wurzelgemüse) hinzufügen und kräftig rösten. Die marinierte Rippe wieder dazugeben, mit der Flüssigkeit aus dem Vakuumierbeutel ablöschen, Thymian einlegen und ca. 1,5 h bei mittlerer Hitze im Ofen schmoren.

Maronen mit einritzen, im Ofen bei 200°C ca. 20 Min. rösten, abkühlen lassen, mit einem Messer vorsichtig die Rinde entfernen und in grobe Stücke schneiden, mit Sahne in einem Topf einmal aufkochen lassen, fein pürieren, mit Meersalz, Pfeffer und etwas Rohrzucker würzen.

Das Fleisch aus dem Bräter nehmen und abkühlen lassen, Sauce passieren und in einem Topf auf ein Minimum reduzieren. Die geschmorte Rippe nun im Würfel (2x2 cm) schneiden und in der Sauce heißlegen. Radicchioblätter ausbreiten und mit je einem Würfel Rippe belegen, mit einem Löffel Maronenpüree, einer halben Brombeere und Shiso Kresse garnieren. Gehobelte Steinpilze, Sauce und gebröselte Amarettini darüber geben und servieren.

Beef Ribs with chestnut cream, shaved porcini mushrooms, ameretti biscuits crumbs, bitter salad

Put the beef ribs with pepper, red wine and soya sauce in a vacuum sealed bag, in the refrigerator for 24 hrs. Remove the meat form the marinade and reserve the liquid, then brown the meat on both sides, remove and sautée the diced onions, carrots and celery. Return the marinated meat to the roaster and add the liquid from the vacuum sealed bag, add the thyme and put in the oven for one and half or until done at 150°C.

Cut the chestnuts with a knife, roast in an 200°C oven for 20 mins., allow to cool, then remove the shell and coarsely chop, in a pot add the cream and chestnuts and bring to a boil, remove the pot from the heat and puree, season to taste with pepper, salt and a little raw sugar.

Remove meat from the roasting pan and let cool, strain the juice into a pot and reduce. Cut the roasted ribs into 1 inch cubes and put into the hot gravy and set aside. Arrange the radicchio leave on a plate and on each leaf a piece of beef, garnish with a dollop of chestnut cream, half of black raspberry and perilla shiso cress, then sprinkle with the shaved porcini and the ameretti biscuit crumbs.

CHUPARROSA

3cl Zacapa 23
2cl Japanischer roter Shiso-Saft
Red japanese shiso juice
2 Bl Mandarinen Verjus
Bs mandarin verjus
Fleur de Sel
Shiso Kresse / *Shiso cress*

Ray of hope at the Stutti

Stutti, that`s what the Berliners call lovingly the Stuttgarter Platz in Charlottenburg. A neighborhood with two souls that couldn`t be more different. On the one side elegant apartments and tasteful restaurants, on the other side colorful junk shops and red light districts, and right in the middle exists since three years the Galander Charlottenburg - an oasis of good drinks in the bar desert of the city west. The owner Dominik Galander transformed the former brothel into a timeless, elegant bar. An abundance of good taste and a bit of humor is evident in the work of bar chef Caroline Schlicher, Happy Hipster for example, a mixture of Mampe Halb & Halb, club mate and other ingredients, an ironic declaration of love to the city, its scene and traditions.

HAPPY HIPSTER

5 cl Mampe Halb & Halb
3 cl Zitrone / *Lemon*
2 cl Giffard Triple sec Premium
2 ds Angostura Bitters
1 Zweig Minze / *sprig of mint*

Alles zusammen shaken und finestrainen in ein Longdrink Glas auf Würfeleis, dann mit Club Mate auffüllen und mit Minzzweig und Orangenzeste garnieren.

Shake and strain into a longdrink glas on ice cubes, fill with Club Mate and top with mint and orange zest.

Galander Charlottenburg

Bar

Lichtblick am Stutti

Stutti, so nennen die Berliner liebevoll den Stuttgarter Platz in Charlottenburg. Ein Platz mit zwei Seelen, die unterschiedlicher nicht sein könnten. Elegante Altbauten und gediegene Restaurants auf der einen Seite, bunte Ramschläden und Rotlicht-Milieu auf der anderen. Und mittendrin seit drei Jahren das Galander Charlottenburg, eine Oase der guten Getränke in der Bar-Wüste der City West. Die Räume des ehemaligen Bordells hat Inhaber Dominik Galander mit jeder Menge guten Geschmack in eine zeitlos elegante Bar verwandelt. Jede Menge guter Geschmack und eine feine Prise Humor beweist auch Barchefin Caroline Schlicher bei der Zusammenstellung der Drinks: Happy Hipster etwa mit Mampe Halb & Halb und Club Mate, unter anderen Zutaten, ist eine ironische Liebeserklärung an die Stadt, ihre Szene und ihre Traditionen.

Bar Immertreu

Serious Drinking

Seit der Eröffnung der Bar Immertreu gehört sie einfach zu Berlin und ist nicht mehr wegzudenken. Seiner Vorliebe für klassische Drinks und klassische Bars hat Inhaber Ricardo Albrecht in der Bar Immertreu freien Lauf gelassen. Hier gibt es kein Chichi, weder auf der Karte noch im Lokal. Nur ausgesucht hochwertige Spirituosen und darunter so manche Rarität finden in der Bar Immertreu den Weg in das Rückbuffet. Ricardo Albrecht hat ein Auge für Seltenheiten, gerade bei Whisky. Die Gäste wissen das zu schätzen. Man geht hierher um zu Trinken, man kennt sich aus und weiß, was gut ist. Die dezent elegante Einrichtung sorgt zusätzlich für eine klassische Atmosphäre. Serious Drinking ist der Claim der Bar Immertreu. Treffender könnte er nicht sein.

SEELBACH

6cl Noah´s Hill Bourbon
2cl Cointreau
3 ds Peychand´s Bitters
3 ds Angostura Bitters

Mit Champagner auffüllen und mit Orangenzeste garnieren / *Fill with Champagner, top with Orange zest*

Serious Drinking

Since the Bar Immertreu opened in Berlin, it has become indispensable. The owner Ricardo Albrecht let his love for classic drinks, classic bars, run free. The bar as well as the menu is completely unpretentious. Only carefully selected high quality spirits, including real rarities, are chosen for the Bar Immertreu. Ricardo Albrecht has an eye for rarities, especially whiskey. The customers appreciate it, they come here to drink, they know their way around and know what is good. Additionally the elegant interior provides a classic atmosphere. Serious drinking is the claim of the Bar Immertreu. It couldn`t be more true.

IMPORTED FROM ENGLAND
BOOTH'S
HOUSE OF LORDS
FINEST
DISTILLED
DRY GIN
LONDON

Das Weinparadies am Südstern

Für Weinliebhaber vereint die Hammers Weinkostbar von Jürgen Hammer und seiner Lebensgefährtin Manuela Sporbert das Beste aller Welten. Wenn man möchte, ist es eine Weinhandlung mit einer liebevoll kuratierten Auswahl und bester Beratung. Man kann den Wein aber auch vor Ort zu fairen Preisen trinken und sich dazu einen köstlichen Käse- und/oder Wurstteller servieren lassen. Denn im Hammers steht auch eine kleine Feinkosttheke mit delikatem Angebot aus Frankreich und Deutschland. Doch damit nicht genug! Denn seinen Gaumen schulen kann man außerdem, weil Jürgen Hammer der Niederlassungsleiter der Deutschen Wein und Sommelierschule Berlin ist und höchst anregende Weinschulungen und Sensorikkurse für Anfänger und Fortgeschrittene anbietet. Weinbar, Weinladen und Weinschule vereint in den schönen Räumen einer ehemaligen Metzgerei am Südstern. Da bleibt kein Weinwunsch offen!

Hammers Weinkostbar

Weinbar / *Winebar*

The wine paradise at the Südstern

Hammers Weinkostbar of Jürgen Hammer and longtime companion Manuela Sporbert offers the best of all worlds for the wine lover. If you want, it is a wine store with a lovingly tended assortment and best advice. But you also can drink the wine right there, fairly priced, and order a plate of delicious cheeses or cold cuts. Hammers also caters specialties from France and Germany. But that is not all. You can also train your palate. Jürgen Hammer is also head of the Berlin branch of the Deutsche Wein and Sommelier-School and offers wine teaching and sensor courses for beginners and advanced students. Wine bar, wine store and wine school combined in the beautiful ambience of a former butcher shop at the Südstern. That doesn`t leave any wine wishes open.

2015 SILVANER QBA TROCKEN „EDITION HAMMERS“ WEINGUT MAX MÜLLER I, FRANKEN

Dieser Wein ist seit Jahren ein absoluter Klassiker in unserem Sortiment. Dezente Fruchtigkeit und moderate Säure machen ihn zu einem Allroundtalent. Ob solo auf dem Balkon oder als Begleiter zu leichteren Vorspeisen, der Silvaner von den Müllers geht immer!
For years this wine is an absolute classic in our assortment. It is an allrounder with decent fruit and moderate acidity. If alone on the balcony or as a companion with light appetizers, Müller´s Silvaner works all the time.

2009 REBULA, ALEKS KLINEC, BRDA, SLOWENIEN

„Orange Wines“ sind schwer in Mode. Wir haben Simona und Aleks 2004 kennengelernt und ihre Weine seit 2007 im Programm. Kupferfarben, mit dichter Frucht, kräftigem Körper und unendlich lang ist dieser Wein ein absolutes Schulbeispiel für diese spannende Weinstilistik.
"Orange wines" are popular at the moment. We get to know Simona and Aleks in 2004 and carry their wines since 2007. Copper colored, with tight fruit, full body and long finish, this wine is a prime example for this exciting style of wines.

2014 ESINO ROSSO DOC, COL DI CORTE, MARKEN, ITALIEN

Unsere Neuentdeckung aus den Marken! Neben Verdicchio macht Giacomo aus der total unterschätzten Rebsorte Montepulciano einfach großartige Weine. Kraftvoll, dunkelfruchtig und mit feiner Struktur müssen seine Weine sich nicht vor den bekannten Klassikern aus Italien verstecken.
Our new discovery of the Marken! Next to Verdicchio, Giacomo creates singly great wines from the undervalued grape Montepulciano. Potent, dark fruity and with a fine structure, these wines don`t have to hide behind the well- known Italian classics.

2010 VILLÁNYI MERLOT, WEINGUT HUMMEL, UNGARN

Der Rechtsanwalt Horst Hummel betreibt seit 1998 Weinbau im Süden Ungarns und hat uns vom großartigen Potential der trockenen Weiß-und Rotweine Ungarns überzeugt. Sein Merlot ist alles andere als langweilig. Er kommt von reinen Lössböden und besticht mit reifer Frucht und seidigen Tanninen.
The lawyer Horst Hummel is growing wine in southern Hungary since 1998 and convinced us of the great potential of the dry red and white wines of Hungary. His Merlot is anything but boring. It is grown on pure loess soil and stands out with ripe fruit and silky tannins.

2014 RIESLING SEKT BRUT TRADITIONELLE FLASCHENGÄRUNG, WEINGUT MELSHEIMER, MOSEL

Mit seinem Sekt nach dem Verfahren der Champagne zeigt Thorsten Melsheimer Jahr für Jahr, dass edle Schaumweine auch aus Deutschland kommen können. Vor allem aber auch, dass reife Frucht, Hefeprägung und feinstes Mousseux auch erschwinglich sein kann.
Year after year Thorsten Melsheimer shows with his sparkling wines, produced with the champagne method, that great sparkling wines can also come from Germany. But in particular, that ripe fruit, yeast character and finest mousseux are affordable.

Weiß Blau

Shop

Das bayerische Schmankerlparadies

Boris Priebe ist Bayer und Brauer. Die perfekte Kombination also, um den weitestgehend ahnungslosen Berlinern beizubringen, was echte bayerische Delikatessen sind. Das tut der Oberpfälzer schon seit über 10 Jahren in Charlottenburg, in seinem Laden, den er zurecht Schmankerlparadies nennt. Die Auswahl ist nicht riesig wohlgemerkt. Aber das braucht es auch nicht, denn sie ist so auf den Punkt kuratiert, dass man sofort Sehnsucht bekommt. Nach Landgasthäusern. Nach kleinen Metzgereien, die Hausmacherwurst herstellen. Nach Zwetschgen duftenden Brennkesseln. Und nach kleinen Brauereien, die ihre Biere handwerklich und aus besten Rohstoffen herstellen. Bei einem dieser guten Biere und am besten auch bei einer Weißwurst, erzählt Boris Priebe die Geschichte vom Zoigl-Bier und vom traditionsreichen Kommunalen Brauwesen, das es nur noch in der Oberpfalz gibt. Die wird hier aber nicht erzählt, dazu muss man unbedingt ins Schmankerlparadies.

The Bavarian Schmankerlparadise

To understand the title, you have to know that "Schmankerl" is a Bavarian expression for a small, delicious delicacy. Boris Priebe is a Bavarian and a brewer, the perfect combination to teach the largely clueless Berliner the real meaning of Bavarian delicacies. He is doing this now for more than 10 years in Charlottenburg, in his store named with good reason "Schmankerlparadies". The selection isn`t really big, but that is not necessary, because it is so well chosen, you instantly long for small butcher shops with homemade sausages, for small inns and for small breweries that manufacture from the best materials. Having one of these great beers and perhaps even a Weißwurst, Boris Priebe tells you the stories of zoigl-beer and about communal brewing, which only still exist in upper Bavaria. This story will not be told now, to hear it, you have to visit the Schmankerlparadies.

Zimtzitze

Spirituosen-Manufaktur / Manufacturer of spirits

Am Anfang war eine Schnapsidee

Der Gründungsmythos des Zimtlikörs Zimtzitze geht auf einen Festivalbesuch von Produzent Markus Freytag zurück, inklusive Lagerfeuer und ein paar Getränken und Freunden dazu. Dann die Idee, beim nächsten Festival einen besonderen Shot an einer besonderen Bar anzubieten. Der besondere Shot wurde die Zimtzitze. Ein Likör aus gutem Ceylon Zimt, Nelken, Piment und heimischem Honig. Die besondere Bar bestand aus einem riesigen Kanister, aus dem die Zimtzitze via Schlauch in die Shot-Gläser der Festival-Besucher floss. Das Getränk war ein Erfolg und der Kanister schnell leer. Das ist nun über 4 Jahre her und die Zimtzitze fließt immer noch. Allerdings wird sie mittlerweile liebevoll von Hand abgefüllt und etikettiert. Sie hat auch einen Bruder bekommen, den tiefroten Hibiscuslikör WUDU. Während die Zimtzitze besonders gut zu warmen Getränken passt, ist WUDU ideal für Mixgetränke aller Art.

In the beginning there was a crazy idea

The founding myth of the cinnamon liquor Zimtzitze goes back to a visit of a festival by producer Markus Freytag, including bonfire and drinks and friends. Born was an idea to offer a special shot at a special bar at the next festival. The special shot was called Zimtzitze, a liquor made from Ceylon cinnamon, clove, allspice and local honey. The bar was a huge canister out of which Zimtzitze was poured through a hose into the shot glasses. The drink was a success and the canister empty, very fast. That was four years ago and Zimtzitze is still flowing, but meanwhile it gets lovingly bottled and labeled, it has a brother as well, the deeply red hibiscus liquor WUDU. While Zimtzitze matches warm drinks very well - WUDU is ideal for all mixed drinks.

Von verschluckten Buchstaben und gutem Bier

Zunächst traut sich keiner so richtig es auszusprechen. Aber nach dem zweiten Bier geht es dann doch. „Berlo" nuschelt man noch ein bisschen verschämt, obwohl man damit schon genau richtig lag. Der nicht ganz einfache Name ist Teil des cleveren Marketingkonzepts , dass die drei Gründer von BRLO für ihre Biere entwickelt haben. Dazu passt das schöne Logo mit Bär und Herz und ein unübersehbar gut gestaltetes Etikett auf der Flasche. Und natürlich die Biere selbst, die trotz oder wegen ihres Namens, längst die Herzen und Gaumen der Bierfreunde aus Berlin und anderswo erobert haben. Inzwischen wissen auch die Meisten, dass der Name den keiner aussprechen kann, auch eine Bedeutung jenseits der verschluckten Buchstaben hat. BRLO erinnert an den slawischen Ursprung des Namens Berlin und heißt frei übersetzt: trockener Sumpf. Die Idee, ein Craft Beer Start-up zu gründen, hatten die BWLerin Katharina Kurz und ihr Studienfreund, der bereits erfolgreiche Start-up Unternehmer Christian Laase, natürlich nach einem bierseligen Abend. Nach und nach nahm der Plan „Was mit Bier" zu machen konkrete Formen an und man machte sich auf die Suche. Ein Brauer musste her! Wie gut, dass Michael Lembke gerade seinen Diplom-Braumeister erworben und keine Lust auf einen Industriejob hatte, denn er ist jetzt der Herr an den Brautöpfen. Angefangen haben die drei noch mit Nebenjobs und als Gypsy-Brewer ohne eigene Brauerei. Inzwischen ist mitten in der Stadt ein modernes BRLO BRWHOUSE aus Schiffscontainern geplant, mit einer 20 hl Brauanlage, einem Biergarten und einem Restaurant. PRST!

Brlo

Brauerei / *Brewer*

Swallowed letters and good beer

At first nobody dares to say it. But after the second Beer it`s possible. Berlo one still mumbles, a little embarrassed, still not quite pronouncing it correctly. The not so easy name is part of the clever marketing concept that the three founders from BRLO developed for their beers. To go with it: the beautiful logo with a bear and a heart - and not to overlook the label on the bottle. And of course: the beers themselves, despite or because of their names have won the hearts and palates of the beer friends from Berlin and elsewhere. In the meantime, the name that nobody can pronounce has also a meaning beyond the swallowed letters: BRLO reminds you of the Slavic origin of the name Berlin and is called freely translated: Dry Swamp. The idea to start a craft beer start-up had the Katharina Kurz (a business administrator) and her college friend, who was already a successful start-up entrepreneur, Christian Laase, after an evening of drinking beer. Bit by bit the plan "what about making beer" started to take form and they started to look for a beer brewer. It was good that Michael Lembke had just acquired his certificate-brewing master and had no desire for an industry job, because now he is the man at the brewing cauldorns. They started with part time jobs and Gypsy-brewers without their own brewery. In the meantime, a modern BRLO BRWHOUSE from ship containers is planned in the middle of the city, with 20 hl capacity, a beer garden and a restaurant: CHRS!

Das Beste zum Schluss

Desserts und Cocktails. Das ist in sehr dünnen Worten das Konzept der neu eröffneten Coda Dessert Bar von Oliver Bischoff und René Frank in Neukölln. Was sich dahinter verbirgt, ist ein prächtiges Universum prall gefüllt mit aufregend kombinierten Aromen, Konsistenzen und Farben. Berlins erste Dessert-Bar hat schon wenige Monate nach Eröffnung das kulinarische Herz der Hauptstadt restlos erobert. Kritiker überschlagen sich mit Lob, Preise hagelt es ebenso und tout le monde pilgert nach Neukölln, um die avantgardistischen Kreationen von Spitzenpatissier René Frank und Bartender Julian Kunzmann zu goutieren. Desserts und Drinks sind im Coda perfekt aufeinander abgestimmt und werden zusammen serviert, gerne auch als Menü mit bis zu sechs Gängen. Gewöhnliche Desserts darf man hier nicht erwarten, auf der Karte stehen abgefahrene Kombinationen wie geräucherte Schokoladencreme, dazu ein Lambrusco mit Whisky oder Büffelmilchschaum und Paprika und dazu ein Rumcocktail mit Ingwer.

Oliver Bischoff
René Frank
Julian Kunzmann
Julia A. Leitner
Leonhard Klank

The best for last

Desserts and cocktails, that is, simply said, the concept of the Coda Bar in Neukölln, run by Oliver Bischoff and René Frank, hidden behind the concept is a splendid universe filled with excitingly combined aromas, consistencies and colors. Berlins first dessert bar captured the heart of the city already a few months after opening. Critics are outdoing each other with praise, it is hailing awards already and the whole world is coming to Neukölln to try the avant-garde creations of patissier René Frank and barkeeper Julian Kunzmann. In Coda, drinks and desserts are combined perfectly and are served - also as an up to six course menu. You can´t expect ordinary desserts, the menu offers together outstanding combinations like smoked chocolate cream in addition to a Lambrusco with whiskey or buffalo milk foam and peppers to a rum with ginger.

CODA Dessert Bar

KIWI-WEIZENGRAS-HIMBEERE
KIWI-WHEATGRASS-RASPBERRY

KIWIEIS / *KIWI SORBET*
25g Dextrosepulver / *Dextrose powder*
25g Glukosepulver / *Glucose powder*
65g Zucker / *Sugar*
1g Johannisbrotkernmehl / *Locust bean gum flour*
150ml Wasser / *Water*

Alles zusammen aufkochen, abkühlen lassen.
Cook together and let cool.

Abrieb von 1 Limette / *Zest from 1 lime*
30g frischer Limettensaft / *Lime juice*
40g Weizengrassaft (frisch entsaftet)
Wheatgrass freshly juiced
330g Kiwipüree (ohne Samen)
Kiwi puree, without seeds

Hinzugeben, mixen, im Pacojetbecher gefrieren und vor dem Servieren aufmixen. Das Sorbet in flüssigen Stickstoff spritzen, wodurch die nestähnliche Form entsteht. Vor dem Verzehren 2 Min. temperieren lassen. Mit getrockneten Himbeeren garnieren.

Mix all the ingredients together, and freeze in a Pacojet cup. Before serving mix, squeeze sorbet into the liquid nitrogen, whereby, it will form a nest. Before eating let rest for 2 minutes, garnish with dried raspberry.

TRAUBE-ALGE-NUSS
GRAPE-SEAWEED-NUT

14ml Cognac
7ml Haselnussgeist / *Hazelnut liquor*
9ml Maraschin
50g weiße Trauben / *White grapes*
0,5g Chlorella Algen Öl / *Chlorella seaweed oil*

Chlorella Algen Öl
30g getrocknete Chlorella Alge
Dried chlorella seaweed
30g Aprikosen Kernöl von Bitteraprikosenkernen
Apricot kernel oil from bitter apricot kernel

Öl und Algen vermischen und mind. 24h ziehen lassen. Vor der Verwendung gut rühren bzw. schütteln. Trauben und Algen-Öl zusammen mit einem Muddler im Cocktailshaker zerstoßen, Spirituosen hinzufügen und mit Eiswürfeln kräftig ca. 10 Sekunden schütteln. Mit einem Barsieb und Feinsieb in das Glas auf einen großen Eiswürfel abseihen.

Mix oil and seaweed together and let set for 24 hrs. shake before using. Muddle the grapes and seaweed oil in a cocktail shaker, add spirits, with ice and shake for 10 seconds, then strain into a glass on a big ice cube.

Jan-Peter Wulf

Journalist

Klunkerkranich, Neukölln

CIGARETTEN
SCHNEIDER WEISSE
fritz-kola
MAKAVA
BETRETEN
VERBOTEN

Beobachter der Barkultur

Der Gastro-Journalist und Blogger ist der Kopf hinter dem Online-Magazin für Gastronomie und Genuss nomyblog.de. Es berichtet seit 2010 über Themen, Trends und Tipps aus der Branche: Essen, Trinken, Ausgehen, Genuss, neue Produkte und gute Ideen. Wenn er ein Lokal betritt, ist er auf der Suche nach dem Besonderen, Einzigartigen hinter dem Konzept. Das kann eine erzählenswerte Geschichte sein, der Mensch, der dahintersteht, ein einzigartiges Angebot, das besondere Ambiente. Am Besten natürlich alles zusammen. Persönlich kultiviert er gerade ein Faible für feine Obstbrände aus Deutschland. In Berlin freut er sich über die wachsende Barkultur und die vielen neuen Restaurants mit integrierter Bar. Ganz klar ein Trend in der Hauptstadt!

Observer of the bar culture

The restaurant journalist and blogger Jan-Peter Wulf is the head behind the online-magazine nomyblog.de about restaurants and enjoyment. The magazine reports since 2010 about themes, trends and tips, about eating, drinking, enjoyment, new products and good ideas. When he goes into a restaurant, he is looking for something special and unique. This could be a story of the people behind it, a unique offering, a delightful ambiance - all of it together would be the best. In the moment he is cultivating a faible for fine fruit brandy from Germany. He is happy about the growing bar culture in Berlin and the many new restaurants with bars, for sure a trend in Berlin.

Jan-Peter Wulf, Thelonious Bar, Neukölln

Boutique-Bar

Zentral und doch ein bisschen versteckt liegt Das Stue, eines der beliebtesten Design Hotels der Hauptstadt, direkt am Tiergarten. Das lässig elegante Interieur in dem ehemaligen Botschaftsgebäude stammt von der spanischen Ausnahme-Designerin Patricia Urquiola, die dem Haus mit eklektischen Zusammenstellungen und noblen Materialien einen ganz eigenen Stil verliehen hat. Auch im hauseigenen Sternerestaurant Cinco des spanischen Starkochs Paco Peréz und in der Stue Bar setzt sich dieser Mix aus Eleganz und Gemütlichkeit mühelos fort. Die schön komponierten Signature-Drinks des Barteams verführen mit einem leicht mediterranen Touch und das legere Fusion-Barfood vom Küchenteam Monty Aguilo Wray, Andreas Rehberger and Miguel Villacrosa spielt mit spanischen und internationalen Aromen.

Das Stue

Bar-Restaurant

Boutique-Bar

Das Stue, one of the favorite design hotels in the city, is situated in the Berlin Tiergarten district. The location is very central, at the same time a little hidden. The casual elegant interior was designed by the Spanish designer Patricia Urquiola, who, using extravagant materials and an eclectic combination, lends the hotel its own special style. The mix of coziness and elegance effortlessly continues on in the awarded restaurant of Chef Paco Peréz and at the Stue Bar, where nicely composed drinks with a Mediterranean flair get accompanied by delicious fusion bar food, provided by the kitchen team of Monty Aguilo Wray, Andreas Rehberger and Miguel Villacrosa, who play with Spanish and international flavors.

KABELJAU BRANDADE. 6g Knoblauch und 20g Olivenöl bei 120°C im Ofen rösten. Den Knoblauch entsorgen und das Öl und den Kabeljau mit einem Handmixer pürieren.

HAUT CHIPS. Die Kabeljauhaut vakuumieren und bei 100°C im Ofen backen. Danach abkühlen und in einer Excalibur Maschine 3 h dehydrieren. Zum Schluss die Haut bei 190°C in 80g Sonnenblumenöl im Ofen knusprig backen

OLIVADA. Mit einem Handmixer 60g Kalamata-Oliven pürieren, 20g Olivenöl und 6g Resource zufügen, andicken. Mixen bis eine Emulsion entsteht.

Servieren und mit 80g kernlosen Trauben, 20g Kalamata-Oliven-Scheiben und Basilikum-Kresse dekorieren.

CODFISH BRANDADE. Cook 6g garlic and 20g olive oil at 120°C in the oven. Discard the garlic and mix the olive oil with 120g Codfish with the help of a blender.

SKIN CHIP. Vacuum the leftover cod fish skin inside of a plastic bag and cook it for 1 minute in the oven at 100°C. Once cooked, let the skin cool down and dehydrate it in a Excalibur Machine for 3 hours. To finish fry the skin until crunchy in 80g sunflower seed oil at 190°C.

OLIVADA. Using a hand blender, make a juice out of 60g kalamata olives, add then 20g olive oil, 6g Resource Thicken Up and mix until you obtain an emulsion.

Decoration: peel and take out the seeds from 80g grapes, slice 20g kalamata olives, basil cress.

GARDEN SUMMER

4cl Gin Mare
1cl Noilly Prat Vermouth
2cl Zitronensaft / *Lemon*
3cl Lavendel-Sirup / *Lavender Syrup*
4 Blätter Basilikum / *Leaves of Basil*
Spritzer Orangenbitter / *Dashes Orange Bitters*

Mit Selterswasser auffüllen, schütteln und in ein Glas mit Eiswürfeln füllen.
Top Soda Water. Shake all the ingredients and then pour into a glass on ice cubes.

Galander Kreuzberg

Bar

Joschka Rauch

Gepflegte Barkultur

Das Stammhaus der stetig wachsenden Galander-Familie hat Dominik Galander 2009 in einem schönen Altbau an der Großbeerenstraße in Kreuzberg eröffnet. Die Bar mit der zeitlosen Atmosphäre wurde gleich von Anbeginn zum Klassiker. Souveräne, freundliche und gut geschulte Barkeeper mixen hier hochanständige Drinks aus ausgesuchten Spirituosen. Auch die Wein- und Bierkarte kann sich sehen und vor allen Dingen trinken lassen. In der Ecke wartet ein Klavier darauf, mit jazzigen Tönen zum Leben erweckt zu werden, während Gäste in Ledersesseln entspannt an ihren Gläsern nippen. Für Experiementierfreudige sei das dreigängige Liquid Dinner empfohlen, bestehend aus einem anregenden Aperitif, einem gekonnten Cocktail und einem flüssigen Dessert. Begleitet von Knabbereien und Anekdoten für den wissbegierigen Aficionado.

QUID PRO RUM

2,5cl Goslings Rum
2,5cl Appleton White Rum
2cl Triple Sec
4cl Orangensaft / *Orange juice*
2 Bl/*bs* Quittenmousse / *Quince-mousse*

Decent bar culture

Dominik Galander opened his first place of his steadily growing family in 2009 in Kreuzberg, Großbeerenstraße. The bar with timeless atmosphere became a classic right from the start. Confident, friendly and well trained barkeeper are mixing very decent drinks, the wine and beer menu is also carefully chosen and very enjoyable. In a corner, a piano is waiting to be awakening with jazz tunes, while the customers are lounging in leather armchairs. The adventurous visitors should try the three course liquid dinner consisting of a stimulating appetizer, a cocktail and a liquid dessert, accompanied by salted snacks and anecdotes for the curious aficionado.

Zyankali

Bar

Wie im Labor, nur anders

Das grellgelbe Zyankali und seinen wunderbar schrägen Inhaber Tom Zyankali kann man eigentlich nicht beschreiben. Der gelernte Chemotechniker bezeichnet seine mittlerweile schon legendäre Bar selbst als „Institut für Unterhaltungschemie" und werkelt dort mit allerlei Reagenzgläsern und Pipetten hinter der Theke. Es zischt, schäumt und blubbert in seinem Labor während der sehr schnurrbärtige Tom Zyankali (Künstlername!) durch seine riesengroße Auswahl an Aromen, fassgereiften Cocktails und Absinth führt. Alles hausgemacht, versteht sich. Das skurrile Zyankali und sein ebensolcher Inhaber und die abgefahrenen Drinks sind in der internationalen Barszene durchaus ein Begriff. Gar nicht @zend.

Like in a laboratory, just different

The bright yellow Zyankali and his wonderful and weird owner Tom Zyankali are indescribable. The trained demo technician calls his now already legendary bar: "institute for entertainment chemistry" and works behind the bar with test tubes and eye droppers. Its hissing, it foams and bubbles in his "laboratory" while the mustached Tom Zyankali (aka!) takes you through his gigantic array of flavors, barrel matured cocktails and absinth, everything homemade, naturally. The bizarre Zyankali, his evenly bizarre owner and the wacky drinks are definitely known in the international bar scene.

TAMAROTTI

4cl Brauner Rum / *Brown Rum*
2cl Weißer Schokoladensirup *White chokolate syrup*
4cl Möhrensaft / *Carrot juice*
1 Bl Habanero-Balsamico *Habanero-Balsamico*
1 Bl Tamarind-Date Chutney *Tamarind-Date Chutney*

Alle Zutaten im Shaker mischen, 6 Wochen lagern, feinstfiltrieren, kaltrühren, auf Eiskugel servieren

Mix it all, store for 6 weeks, filter, stir cold and serve on ice ball

Gin Chilla

Bar

Einfach nur Gin

I'm feeling supersonic, give me gin and tonic! 200 Gins aus aller Welt gibt es bei Gin Chilla im Angebot. Philipp Danz, der Betreiber dieser Friedrichshainer Gin & Tonic Bar, ist stolz auf seine gigantische Auswahl, die wahrscheinlich größte Berlins. So viele Gin Sorten ziehen die Gin-Fans der Hauptstadt magisch an und die regelmäßig stattfindenden Tastings sind schnell ausgebucht. Philipp Danz möchte die Vielfalt des Gin wirklich erlebbar machen und hat die vielen Sorten auf seiner Karte nach Herkunftsland und Aromenspektrum sortiert. Natürlich wird im Gin Chilla nicht nur der klassische Gin Tonic serviert und man kann sich in jeden Drink den Gin seiner Wahl wünschen. Gin Gin!

Just simply Gin

I`m feeling supersonic, give me gin and tonic! Gin Chilla offers over 200 gins from around the world. Philipp Danz, the owner of the Friedrichshainer Gin & Tonic bar, is proud of his gigantic selection of gin, probably the biggest in Berlin. So many different gins attract the gin fans, the tastings are completely booked in no time. Philipp Danz would like the different variety of gin accessible and sorted them according to the country of origin, and flavor. In Gin Chilla of course you can have the classic gin and tonic but also order every drink with the gin of your choice: Gin, Gin!

AWAKING BERLIN

4cl Like Berlin Gin
5cl Espresso
1,5cl Vanille sirup
14cl Tonic Water

Wild Things

Weinbar / *Winebar*

Natürlich ganz schön wild in Neukölln

Was haben Naturwein und Mezcal gemein? Auf den ersten Blick nicht so viel. Mezcal ist schließlich ein Agavendestillat. Und dann doch: natürlicher Anbau, handwerkliche Produktion, klarer Herkunftsbezug, keine Zusatzstoffe, mutige Aromen. Beides Trendgetränke. Es gibt sie also, die Parallelen. Jetzt gibt es auch eine gemeinsame Adresse im überhippen Neukölln. Im Wild Things, einem jungen Schwesterprojekt des vielgelobten Restaurants Industry Standard. Hier spannt nun der mexikanische Betreiber Ramses Manneck mutig einen Bogen zwischen Mezcal und Naturwein und setzt dazu Barfood auf die Karte. Aber nicht irgendein Barfood, sondern gutgelauntes Barfood, wie klassisch französisches Tartar und perfekt gegrillte Shortrib-Käse-Sandwiches. Jan Hugel heißt der Sommelier im Wild Things, und er ist kein Unbekannter bei den Naturweinfreunden der Stadt. Seine Beschreibungen sind auf den Punkt, er hat passende Weine für Anfänger und Fortgeschrittene parat und serviert hausgemachtes Furikake-Popcorn dazu oder Austern oder Käse von Fritz Blomeyer. Wein ist nicht kompliziert. Wein macht Spaß. Im Wild Things ganz bestimmt.

Sébastien Saris, Ramses Manneck
Harriet Owens, Jan Hugel

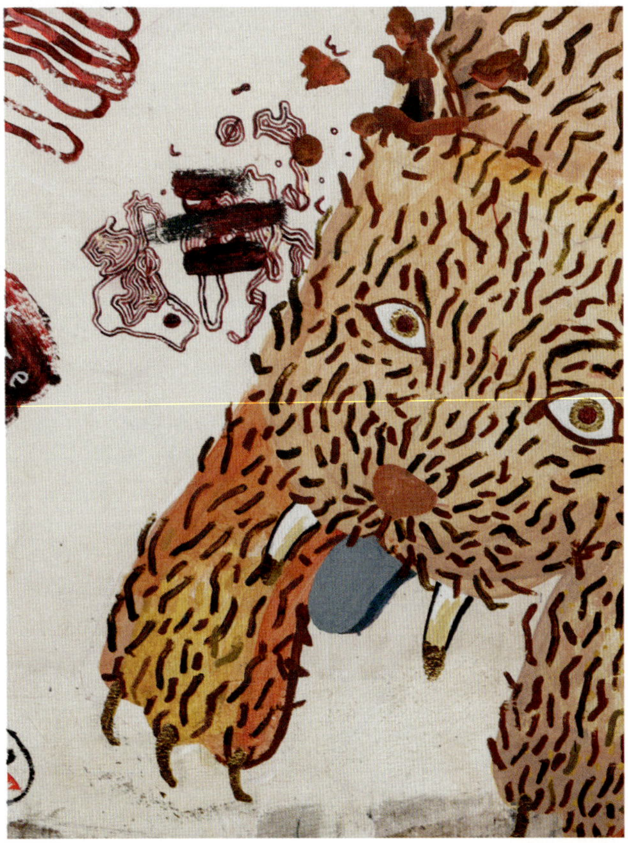

Naturally wild in Neukölln

What do natural wine and Mezcal have in common? At first not a lot. Mezcal is an agave distill and however naturally grown, handmade, clearly defined origin, no additives and strong aromas. And both are trend drinks. So there are some parallels. Now there is also a common address in Neukölln. In Wild Things, a younger sister project of the well praised restaurant Industry Standard, the Mexican owner Ramses Manneck has courageously built a bridge between Mezcal and natural wine, and with that offers bar food on the menu. But not just any bar food, fantastic bar food, French tartar and grilled short ribs-cheese-sandwiches. The Sommelier Jan Hugel is not unknown to natural wine fans in the city. His descriptions are on point, he offers the right wine for beginners and advanced customers and serves Japanese spiced popcorn, oysters and cheese by Fritz Blomeyer. Wine is not complicated, wine is fun, for sure in "Wild Things".

THORSTEN MELSHEIMER, MOSEL „VADE RETRO" 2013 MAGNUM

So kann Mosel schmecken. Riesling ohne jegliche synthetische Zusätze, keine Schwefel-Zugabe. Das Resultat: kräftige Rieslingaromen weitab von aufgesetzter Aromatik. Ein großer Wein.

GUT OGGAU, ÖSTERREICHISCHER LANDWEIN „BRUTAL" 2015

Vom Neusiedler See kommt dieser Wein, der uns auf der RAW in London Tränen der Begeisterung bescherte. „Brutal" heißt er wegen seines brutalen Ansatzes - es wird praktisch nur der Saft der Roesler Traube vergoren.

TESTALONGA, SWARTLAND - SOUTH AFRICA „EL BANDITO CORTEZ" 2014

Lebendig und frisch: Craig Hawkins lässt hier Chenin Blanc Trauben 4 Wochen auf der Maische und zaubert einen Orange-Wein, der frisch ist und nach mehr verlangen lässt. Komplex und trotzdem saftig. Der Mann kann was.

THORSTEN MELSHEIMER, MOSEL „VADE RETRO" 2013 MAGNUM

That´s the way Mosel can taste. Riesling without any synthetic additives, no sulfur added, the result, powerful Riesling aroma faraway from artificial aromas, great wine.

GUT OGGAU, ÖSTERREICHISCHER LAND WINE „BRUTAL" 2015

This wine comes from the "Neusiedler See" who brought us to tears of joy at the RAW in London. "Brutal" it is called, because of the brutal approach, to practically only use the Roesler grapes for fermentation.

TESTALONGA, SWARTLAND - SOUTH AFRICA „EL BANDITO CORTEZ" 2014

Craig Hawkins leaves Chenin Blanc grapes on the mash for 4 weeks and magically produces an orange wine that is fresh and lets you ask for more, complex and still succulent. The man knows what he is doing.

Tante Frizzante

Shop

Jurgen Breedijk
Andreas Diermeier
Andreas Angerer

Das Prickeln in Neukölln

Nur ein Getränkemarkt? Weit gefehlt! Die drei Betreiber von Tante Frizzante in Neukölln sehen ihren Laden als Drink Concept Store und Recht haben sie! Das Sortiment bei Tante Frizzante ist nicht nur breit gefächert sondern auch sorgfältig ausgewählt. Hier kennt jemand die Trends in der Bar-, Club- und Partyszene. Die Frage ist doch: Warum sollte man nicht auch zu Hause im Kühlschrank coole Getränke haben?

alkoholfreien Drinks und mehr als 120 Bieren und Craft-Bieren. Ergänzt wird das Ganze durch eine auf den Puls der Zeit gebrachte Wein- und Spirituosenauswahl. Tante Frizzante sieht sich selbst als kieznahe Botschafterin der Vielfalt: Neben der beeindruckenden Auswahl hat jeder die Möglichkeit den unkomplizierten Bestellservice in Anspruch zu nehmen oder Wunschlisten einzureichen, z.B. für eine kleine Auflage

The sparkling in Neukölln

Just a liquor store? Not at all! The three owners of Tante Frizzante in Neukölln consider their store as a drink concept store, and they have every right to do so. The assortment is not only of a big variety but also very well stocked and taken good care of. Someone really knows what he is doing and is aware of the trends in the bar, club and party scene. The question is: Why shouldn`t you have all the cool drinks at home in your refrigerator? So on 130 m² the store offers a variety of 200 soft drinks, 120 different beers and also an up to date assortment of wine and spirits. Tante Frizzante considers itself to be the local ambassador of diversity. Because of the impressive selection, everybody has the possibility to make requests – even for a small edition with your own label on Tante Frizzante Prosecco bottles.

Mampe

Manufaktur / *Manufacturer*

AUS DER APOTHEKE IN DIE KNEIPE

Im Jahr 1831 erfand der Königlich Preußische Geheime Sanitätsrat Carl Mampe in Pommern einen „Bitteren Tropfen" zur Bekämpfung von Cholera. Wohl zur Verbesserung des Geschmacks und zur Steigerung der Verkaufszahlen wurde der Kräutertropfen mit einem Bitterorangenlikör gemixt und das neue Getränk auf den kuriosen Namen Mampe Halb & Halb getauft. Es wurde ein Riesenerfolg!

Nach einer wechselhaften Geschichte, eng verwoben mit dem Schicksal Berlins, sah es lange düster aus um den traditionsreichen Likör, der einst in jeder Eckkneipe der Stadt bekannt und beliebt war. Doch nun erstrahlen die Mampe Flaschen in neuem Glanz und Mampe Halb & Halb schmeckt der Stadt wieder. Halb herb, halb süß, ganz besonders. Ein Geschmack wie Berlin eben.

FROM THE PHARMACY TO THE BAR

In 1831, Königlich Preußische Geheime Sanitätsrat Carl Mampe invented a so called „Bitteren Tropfen" to fight cholera. Probably to improve the taste and to increase the sales, the herb liquor was mixed with a bitter orange liquor, the new drink got the strange name "Mampe Halb & Halb". It became a huge success.

But after a choppy history tightly interwoven with the fate of Berlin, it was not looking good for the traditional liquor, that was once known in every pub in town. But now the bottles of Mampe shine in a new splendor and Berlin likes Mampe Halb & Halb, half bitter, half sweet, really special, a taste like Berlin.

Ohne Filter

Bevor alle Welt anfing von Craft Beer zu sprechen und die Stadt von einer Welle handwerklich hergestellten Biers überrollt wurde, gab es ihn schon. Martin Eschenbrenner braut in seiner Mini-Brauerei im Wedding seit 2001 ungefiltertes Bier und ist damit einer der ersten Berliner Bier-Pioniere. Ein bisschen hat er sich da gefühlt wie das kleine Dorf der Gallier im Kampf gegen den Einheitsgeschmack der Industriebiere. Seine mit Stolz gebrauten Biere heißen Alter Schwede, Weddinator, Schwarze Molle und Roter Wedding, einige sind immer im Angebot, andere wechseln saisonal. Seine Bieranstiche im Braukeller sind legendär, beliebt und immer proppevoll. Sowohl in der Gaststätte als auch im Biergarten dürfen Picknickkörbe mitgebracht werden, frisch aus dem Ofen gibt es Laugenbrezeln und Flammkuchen.

Martin Eschenbrenner

Alexander Bellin

Hausbrauerei Eschenbräu

Unfiltered

Before the whole world started to talk about craft beer, and the city became overwhelmed with microbreweries, Martin Escherbrenner brewed in his microbrewery in Wedding, since 2001 unfiltered beer, which makes him one of the first Berliner beer pioneers. A little bit he has felt like the small village Gauls in the fight against the universal standard taste. Beers like Alter Schwede, Weddinator, Schwarze Molle or Porter Wedding are brewed with pride, some are always offered and others seasonal. The tapping of the first barrel are legendary, loved and overflowing. In the restaurant as well as in the beer garden, picnic baskets are allowed and fresh out of the oven comes Brezels and flammkuchen (an Alsatian specialty).

Beuster Bar

Neuköllner Gastropub für alle Lebenslagen

Wenn jemand noch nicht weiß, was ein Gastropub ist, empfiehlt sich ein Besuch in der Beuster Bar in Neukölln. Ansonsten natürlich auch! Denn die Beuster Bar ist alles in einem: Bar, Restaurant und Eckkneipe. Man kann einfach ein Bierchen trinken, einen Cocktail ordern oder zum Vier Gang Menü einen passenden Wein bestellen. Und danach einen Cocktail ordern. Das kurz angebratene Steak Tartar wird mit handgeschnitzten Pommes serviert und gilt als eines der besten der Stadt. Bei der Einrichtung haben die drei Inhaber Richard Kirschstein, Stefan Jentzsch und Ludwig Jenssen auch alles richtig gemacht: nackte Wände, ein paar dunkelgrüne Kacheln, Retro-Theke und Mobiliar aus Holz. Und ein Deckengemälde! Man kann mit dem Chef hierher, mit einem Date oder mit den Eltern. Die Beuster Bar ist immer richtig.

OKTOPUS / *OCTOPUS*
1 Oktopus (ca 1 Kg) / *Octopus*
1 große Gemüsezwiebel / *Large onion*
1/2 Knolle Knoblauch / *Head of garlic*
1/2 Fenchel / *Fennel bulb*
3 Blatt Lorbeer / *Bay leaf*
50g Fenchelsaat / *Fennel seeds*
Salz / *Salt*

KICHERERBSENCREME / *CHICKPEA CREAM*
300 g Kichererbsen / *Chickpea*
2 weiße Zwiebeln / *White onions*
1/2 Karotte / *Carrot*
1/5 Knollensellerie / *Celery root*
1 Zehe Knoblauch / *Garlic clove*
1/2 Chilischote / *Chili*
1 Lorbeerblatt / *Bay leaf*
80ml Weißwein / *Whit wine*
Olivenöl, Salz, Pfeffer, Sherry Essig
Olive oil, salt, pepper and sherry vinegar

KICHERERBSENCREME: Die Kichererbsen über Nacht in Wasser einweichen. Zwiebel, Karotte, Sellerie & Knoblauch in Olivenöl glasig anschwitzen, mit Weißwein ablöschen. Kichererbsen und Lorbeer hinzugeben, mit Wasser bedecken und bei mittlerer Hitze die Kichererbsen weich kochen. Dann die Erbsen ohne Fond im Mixer mit einem Schuss Olivenöl zu einer Creme weiterverarbeiten. Mit Salz, Pfeffer & Sherry Essig abschmecken und beiseite stellen.

OKTOPUS: Aus den Zutaten eine Court Bouillon herstellen und die Krake 45 Min. bei 92°C ziehen lassen. Abkühlen lassen. Zum Anrichten die Creme heiß stellen, Oktopus in einer Grillpfanne von einer Seite 2 Min. goldbraun anbraten, umdrehen & etwas frisches Gemüse (Kirschtomate, Zwiebel, Paprika, ect) hinzugeben und weitere 3-4 Minuten grillen.

CHICKPEA CREAM: Soak the chickpeas in water overnight. Sautee the onions, carrot, celery and garlic in olive oil, add the white wine. Add chick peas and bay leaves and cover with water and boil on medium heat until done. Strain the chick peas and puree with a dash of olive oil till creamy, season to taste with salt, pepper, sherry-vinegar and put aside.

OCTOPUS: Create a carrot bouillon from the ingredients and cook the octopus at 92°C for 45 minutes. To serve warm the chick pea cream, fry the octopus on one side for two minutes until golden brown, turn, add fresh vegetables like cherry tomatoes, onions, pepper and grill it for 3-4 minutes.

BEUSTER MULE

20ml Wodka / *Vodka*
20ml Zitronensaft / *Lemon Juice*

15ml St Germain
10ml Williams Birne / *Pear*
10ml Ingwer Sirup / *Ginger Syrup*
10ml Gurkensaft / *Cucumber Juice*

Auffüllen mit Sodawasser
Fill with Soda Water

Neuköllner Gastropub for all situations in life

When someone doesn´t know yet what a Gastropub is, then we recommend a visit to the Beuster Bar in Neukölln. While the Beuster Bar is everything in one - bar, restaurant and pub – you can just drink a beer, order a cocktail or with the four course meal, the perfect wine. The slightly grilled steak tartar is served with hand-cut French fries and said to be the best in town. The three owners Richard Kirschstein, Stefan Jentzsch and Ludwig Jenssen left nothing to be desired when it came to the interior with naked walls, dark green tiles, retro bar, wooden furniture and a ceiling fresco. You can bring your boss, a date or your parents: The Beuster Bar is always the right place.

Damien Guichard

Richard Kirchstein

Adrian Beckers

Passionen und Visionen

Die Berliner Bar- und Getränkeszene hat viele engagierte Akteure und loyale Unterstützer aus nah und fern. Bei der Arbeit zu diesem Buch sind sie uns begegnet, es sind Produzenten mit Begeisterung und Visionen, zuverlässige Dienstleister aus vollem Herzen. Sie alle zeichnet die Leidenschaft für ihr Handeln aus: Egal ob bei der Bewahrung und Wiederbelebung von schönen Traditionen und guten Produkten, bei der nimmermüden Arbeit hinter und vor den bunten Kulissen der Stadt oder bei der Entwicklung neuer Ideen für Händler und Gastronomen, für Kunden und Gäste. Hier stellen wir sie vor. Cheers!

Passion and Vision

The Berlin bar and drink scene has many committed players and loyal supporters from near and far. Working on this book we have encountered the producers with enthusiasm and vision, people providing reliable service with their hearts and soul. What characterizes them all, is the passion for their work, whether preserving and reviving of wonderful traditions and good products, the never tiring work in front and behind the colorful scenes of the city, or developing new ideas for distributors, gastronomers and customers. Here we introduce them. CHEERS!

Monkey Bar

Kumpels & Komplizen

Dudes & Accomplices

Barkeeper Phum Sila-Trakoon, Panama Bar & Restaurant

Thomas Henry

Über die Revolution im Longdrinkglas

Lange Zeit hat sich einfach gar nichts getan. Große Marken bestimmten den Geschmack in den Tumblern dieser Welt. Parallelgeschaltete Spirituosen trafen auf die immer gleichen Filler. Die Geschmacksknospen ganzer Generationen wurden von Tonic Water, Bitter Lemon und Ginger Ale geprägt. Bis sich dann doch etwas tat. Es war fast wie eine Revolution. Barkeeper wollten wieder kreativer sein. Brenner wieder individueller. Genießer wollten mehr Geschmack. Dann kam das Gin-Fever und mit ihm der Tonic-Trend. Berlin wäre nicht Berlin, wenn man darauf keine Antwort gehabt hätte. Die heißt Thomas Henry und bereichert die Barszene seit 2010 mit immer neuen Bitterlimonaden. Mit *Elderflower Tonic* kamen die Blüten ins Glas. Mit *Spicy Ginger* eine provokante Schärfe. *Cherry Blossom Tonic*, *Mystic Mango* und *Slim Tonic* heißen die neuesten Kreationen, die hinter und vor dem Tresen Spaß machen. Natürlich nicht nur in Berlin.

About the revolution in the Long drink glass

Nothing was happening over a long period of time. Big brands determined the taste in the tumbler glass. Standardized spirits met the same old fillers. The taste buds of a whole generation was stamped by Tonic Water, Bitter Lemon and Ginger Ale until a special moment. It was almost like a revolution. Barkeepers wanted to be creative again. Distilleries were more individual, connoisseur wanted more taste. Then the Gin-fever and the Tonic trend happened. Berlin wouldn`t be Berlin, if we didn`t have an answer to that. And the answer was Thomas Henry and his new bitter lemonade for the bar scene in 2010. Elderflower Tonic came with the elderberry flower in the glass. With the Spicy Ginger a provocative spiciness. Cherry Blossom Tonic, Mystic Mango and Slim Tonic are the new creations that bring back the fun behind and in front of the bar - not only in Berlin.

MULCHED MONKEY
MIT STROH BEDECKTER AFFE

40ml Monkey Shoulder
20ml Heu-Sirup (1500g Stroh auf 3,5l Wasser und 2000g Zucker eingekocht) mit Thomas Henry Ginger Ale auffüllen. Deko: Heu

40ml Monkey Shoulder
20ml Hay-Syrup (1500g straw, 3,5l water and 2000g sugar boil and reduce). Fill up with Thomas Henry Ginger Ale. Garnish: Hay

Meckatzer

Axel Göhr und Christel Görendt bei Tobias Bürger, Big Stuff BBQ, in der Markthalle Neun

Aus dem Allgäu in die Hauptstadt

Das wohl beliebteste Allgäuer Bier gibt es schon seit 1738. In vierter Generation lenkt die Familie Weiß die Geschicke der Brauerei und dabei nimmt sie auch Kurs auf Berlin. Die bewusst und fair hergestellten Biere finden in den kulinarischen Hot-Spots der Hauptstadt immer mehr Freunde. Natürlich wegen des guten Geschmacks, aber auch wegen der Philosophie beim Brauen und der Unternehmensgeschichte. Da gab es die starke Lena Weiss, die früh verwitwet und mit 6 Kindern im Schlepptau das Unternehmen gegen alle Widerstände im 19. Jahrhundert weiterführte. Da gab es ihren Sohn Benedikt Weiß, der 1905 beim Kaiserlichen Patentamt zu Berlin die Markeneintragung für das Meckatzer Weiss-Gold beantragte. Es wird 1908 rechtsgültig als erste Allgäuer Biermarke registriert. Da gibt es ihren Ur-Enkel Michael Weiß, der sich in guter Familientradition zu Slow Brewing und einer fairen Herstellung bekennt. So unterschiedlich das Allgäu und die deutsche Hauptstadt auch sein mögen, in Geschmacksfragen und bei Fragen der Nachhaltigkeit ist man sich einig: Nur das Gute zählt!

From Allgäu to Berlin

Probably the most popular beer from Allgäu exists since 1738. In the fourth generation now, the family Weiß is guiding the fate of the brewery and is setting course for Berlin now. The consciously and fair produced beers are becoming more and more known in the gastronomical hot-spots in Berlin, because of the good taste naturally, but also because of the philosophy behind the brewing process and the history of the company. There was the strong willed Lena Weiss who became a widow early in her life, who, having six children, led the company against all odds during the 19th century. Her son Benedikt Weiß took out a patent on Meckatzer Weiß-Gold at the imperial patent office, Berlin, in 1905 - it became registered as the first beer brand in Allgäu in 1908 - and there was the great grandchild Michael Weiß, a strong supporter of slow brewing and fair manufacturing. As different as Allgäu and Berlin can be, when it comes to the question of taste and sustainability they are on the same page. Only the good things count in life.

Von der Unsterblichkeit gesunden Wassers

Mehr geht nicht. Das Fachinger Wasser hat einen guten Namen, eine lebendige Tradition und eine bewegte Geschichte. Vor weit über 250 Jahren wurde die Quelle nahe Diez an der Lahn entdeckt und die wohltuende Wirkung des Wassers festgestellt. Gutes mineralhaltiges Wasser spielt in der Geschichte der Menschheit schon sehr lange eine wichtige Rolle, denn immer wieder hat man bemerkt, dass man damit die verschiedensten Beschwerden lindern oder vorbeugen konnte. Nur wenige Wässer dürfen sich in Deutschland Heilwasser nennen und Staatl. Fachingen ist eines davon. Als Luxusgut wurde es früher in eigens angefertigten Krügen vermarktet und fand schon bald prominente Anhänger. Johann Wolfgang von Goethe ließ sich von Fachinger Wasser und weißem Wein den Geist befreien und anregen. Gutes Wasser und guter Wein sind einfach eine zeitlose Kombination. Das beliebte Wasser erlebte im Laufe der Jahrhunderte Höhen und Tiefen und ist dennoch aufgrund der hohen Qualität nie in Vergessenheit geraten. Heute strahlt die rundum erneuerte Marke mit der zeitlosen Eleganz eines wirklichen Klassikers und ist nach wie vor ein hervorragender Begleiter für gute Getränke.

About the immortality of healthy water

The water from Fachingen has a good name, a lively tradition and an eventful history. Over 250 years ago, the spring near Diez an der Lahn was discovered and the beneficial effect was recognized. Good mineral water is playing a big role in the history of mankind because it is known, that it relieves and prevents a lot of ailments. Only a few waters are allowed to be called "healing water" but Staatlich Fachingen is one of them. Early on commercialized as a luxury item and filled in special pitchers, it quickly found prominent fans. Johann Wolfgang von Goethe used Fachinger water and white wine to free and stimulate his mind. Good water and wine is a timeless combination. The well liked water experienced highs and lows during the centuries but was never forgotten because of the high quality. Today the modernized brand, with timeless elegance of a real classic and still, is an excellent company for good beverages.

Alkoholfreie Mixgetränke:
Teufelskerl, Schöngeist und Gartenkunst
zubereitet von Richard Drozdzynski,
Restaurant Tannenhof in Schöneiche

Non-alcoholic drinks:
Teufelskerl, Schöngeist and Gartenkunst
mixed by Richard Drozdzynski,
Restaurant Tannenhof in Schöneiche

Staatlich Fachingen

Hinter den Kulissen der Hauptstadt

Elegantes Galadinner, rockige Preisverleihung, moderne Messelounge, quirliger Barbetrieb oder regulärer Restaurantservice. Egal bei welchem Event in Berlin und auch anderswo, das Personal von fuldwerk ist immer mit einem Lächeln zur richtigen Zeit am richtigen Ort. Fuldwerker planen gekonnt jede Art von Veranstaltung, bauen sie zuverlässig auf und ab, sie servieren Fingerfood und Menus, mixen Drinks für die Gäste und kümmern sich überhaupt um jedes Detail. Dafür sorgt Gründer und Geschäftsführer David Fuld mit über 250 weiblichen und männlichen Servicemitarbeitern, Baristas, Barkeepern, Hosts, Service- und Veranstaltungsleitern, Oberkellnern, Logistikmitarbeitern, Fahrern, Köchen und Küchenhilfen. Was das Fuldwerk Team auszeichnet? Es ist ein Abbild Berlins, denn die Mitarbeiter von David Fuld haben Kanten und Charakter, sie sind leidenschaftlich und charmant, sie können vieles und geben alles.

Backstage in the Capital

Elegant gala dinners, rocking award shows, modern fair lounges, busy bars or regular restaurant business, no matter the event in Berlin or elsewhere, the staff of fuldwerk is always at the right place at the right time, with a smile. Fuldwerker plan every kind of event with ease that they set up and break down. They serve finger food and menus, mix drinks for the customers and take care of every detail. Founder and general manager David Fuld takes care of that with a team of 250 waiters, bartenders, barristers, hosts… What distinguishes the fuldwerk team out of all the others? They are a portrait of Berlin, the staff of fuldwerk has character, they are passionate and charming, they can do a lot and give everything.

Fuldwerk

Barracuda Barcatering

Cocktails unlimited

Es gibt Momente im Leben, da braucht man einen guten Drink, kann aber nicht einfach in eine Bar gehen. Auf Messen, Firmenveranstaltungen, Hochzeiten etc… überall sorgen Cocktails für gute Stimmung und entspannte Atmosphäre. Bei solchen Gelegenheiten ist Barcatering die Lösung. Barracuda Barcatering. Profis mit mobilen Bars, guten Ideen, einem hohen Anspruch und internationaler Erfahrung in der Barszene. Die überall da, wo ihre Kunden es wünschen, stilvolle Bars aufbauen, coole Drinks mixen und freundlichen Service garantieren. Nach den individuellen Vorstellungen der Kunden und passend zum jeweiligen Events werden aus über 100 Drinks Barkarten zusammengestellt, die den neusten Cocktail-Trends entsprechen oder die besten Klassiker vereinen. Oder Beides. Die geschulten Barkeeper von Barracuda entwickeln auch Signature Drinks passend zum Firmenauftritt der Kunden oder zum Motto der Party. Der Inhaber Jens Raasch ist selbst leidenschaftlicher Barkeeper, den es früh auf das Meer zog und der dort viele Jahre Kreuzfahrterfahrung gesammelt hat. Zurück in Berlin hat er sich mit seinem Barracuda Barcatering schnell einen guten Namen gemacht und ist mittlerweile mit seinem Team aus echten Profis deutschlandweit im Einsatz.

Cocktails unlimited

There are moments in life when you need a good drink, but there is no bar in sight. At fairs, company events, weddings etc. at all times, cocktails ensure a relaxed atmosphere and a good mood. Barcatering is the best solution for all these events. Barracuda Barcatering - pros with mobile bars, good ideas, high demands and international experience. Wherever their customers would like, they provide a stylish bars, mix cool drinks and guarantee a friendly service. Bar menus are created from over 100 different drinks, fitting the event and the ideas of their customers, combining the newest cocktail trends or the best classics. The trained barkeepers of Barracuda design signature drinks, that go with the company image or matches the motto of the party. The owner, a fantastic barkeeper himself, travelled the seven seas early on and got experience on cruise ships. Back in Berlin he quickly built a name with Barracuda Barcatering and is now operating all over Germany with team of real pros.

BEAT THE ROOT

1,8cl Cachaca
4cl weißer Portwein / *white port*
3cl Himbeersaft / *raspberry juice*
1,5cl Rote Beete Saft / *red beet juice*
0,5cl Limettensaft / *lime juice*
3 ds Pastis
2 Limettenzesten / *lime zests*
1 kl Eiweiß / *1 sm egg white*

Shake, Tumbler, Eiswürfel, Deko: Limettenzesten, Minze, Zuckerwatte

shake, tumbler, ice cubes, Deco: lime zest, mint, cotton candy

Mampe

Heimatgefühle

Die ursprünglich 1831 in Pommern gegründete Firma Mampe eroberte nach ihrem Umzug in die Hauptstadt mit ihren über 70 verschiedenen Spirituosen Deutschland und die Welt. Die hochprozentigen Spezialitäten von Mampe wurden bei den Flügen von Zeppelin und Lufthansa gereicht, zu einer Zeit, als Fliegen noch glamourös war. Sie wurden bei internationalen Weltausstellungen prämiert und deutschlandweit in den über 20 hauseigenen Gaststätten namens „Mampes Gute Stube" genossen. Die Marke gehörte untrennbar zum Berliner Stadtbild, schenkte dem Zoo zwei Elefanten namens Carl und Mampe.

Doch irgendwann in den 80ern wurde die letzte Mampe Stube geschlossen, die Mampe Schilder an den Berliner Eckkneipen verwitterten und die Elefanten starben auch. Die Elefantenmarke Mampe fristete ein Nischendasein im Spirituosendschungel, bis der Markenexperte Tom Inden im Jahr 2012 das schlummernde Potential erkannte. Seitdem erobert der Mampe-Elefant nun die Herzen der Berliner zurück. Jetzt sogar mit einer eigenen Schnapsmanufaktur im Kreuzberger Bergmannkiez. In Mampes neuer Heimat werden zukünftig die Destillate und Mazerate aller Mampe-Produkte hergestellt. Aber nicht nur das. Die neue Heimat der Marke ist ein Ort, an dem man die eng mit der Hauptstadt verwobene Unternehmensgeschichte spürt, ein Schauplatz für Veranstaltungen und Events rund um das Thema Spirituosen und nicht zuletzt ein echter Schnapsladen, in dem die handgemachten Mampe-Produkte zu kaufen sind.

Sense of home

The company Mampe, originally established in 1831 in Pommern, conquered, after moving to Berlin, Germany and the world, offering over 70 spirits. The high-proof specialties of Mampe were offered during the flights with Lufthansa and the Zeppelin, in a time, when flying was still glamorous. They got awarded during international world exhibitions and were served in 20 pubs with the name "Mampes Gute Stube", owned by the company. The brand was an inseparable part of Berlin, the company gave two elephants to the zoo with the name "Carl" and "Mampe". But at some point, during the 80s the last Mampe pub closed, the Mampe signs on the pubs weathered and the elephants died. The brand with the elephant was living a niche existence in the jungle of spirits until the branding expert, Tom Inden, recognized its potential in 2012. Since then the Mampe elephant is back in the heart of the Berliners. Now even with its own manufactory in the Kreuzberger Bergmann neighborhood. In the future all distillates and macerates are produced in the new house, but not only that: The new home of the brand is a place, where you can feel the company`s history, it is a location for meetings and events around the theme spirits and a liquor store, where you can buy handmade Mampe specialties from the pharmacy to the pub.

Belsazar

Die Stunde des Vermouth

Schon die alten Griechen mixten Wein, Honig und Kräuter und deklarierten das populäre Getränk intelligenterweise als Medizin. Die griechische Göttin Artemis hatte auch bei der Namensgebung für eine der Hauptzutaten ihre Finger im Spiel: Das Wermutskraut heißt nämlich offiziell Artemisia Absinthium. Weniger wegen seiner medizinischen Wirkung sondern unleugbar wegen des Genusses trat der Vermouth im 18. Jahrhundert in den angesagten Kreisen Norditaliens, Frankreichs und Spaniens einen Siegeszug ohnegleichen an. Das It-Getränk der Stunde prägte den Tagesablauf ganzer Generationen und läutete mit der l'ora dell'aperitivo den angenehmen Teil des Tages ein: Die Stunde in der man die Arbeit und den Alltag vergisst und anfängt sich mit einem Schlückchen magenöffnenden Vermouths auf eine schöne Mahlzeit vorzubereiten. Drei junge Pioniere haben sich nun aufgemacht, diese magische Stunde auch hierzulande ins Leben zu rufen - natürlich mit dem passenden Getränk! Belsazar heißt der Vermouth der aus Berlin Kopf und Herz und aus dem Badischen den Körper mitbringt. Sebastian Brack, Maximilian Wagner und Philipp Schladerer, alles keine Unbekannten in der Szene, haben intensiv probiert und probieren lassen, bis die perfekten Mischungen aus badischen Weinen, traditionsreichem Obstbränden und aromatischen Kräutern entstanden sind: ein Rosso, ein Dry, ein Bianco und ein Rosé, die pur oder gemixt in vielen Lebenslagen Freude bereiten, nicht nur als Aperitif.

The hour of Vermouth

Already the Greeks used to mix wine, honey and herbs and declared the popular drink to be a medicine. The Greek goddess Artemisia was responsible for the name of one of the main ingredients, the scientific name of Vermouth is Artemisia Absinthium. Not really because of its medicinal effect, but more because of the enjoyment, Vermouth became very popular in the hip circles of the 18th century, especially in northern Italy, France and Spain. The in-drink of the hour shaped the routine of whole generations and rang the bell for the l´ora dell´aperitivo, the nice part of the day - the hour, when you forget about work and prepare yourself an aperitif for a nice meal. Now three young pioneers struck out to start this magic hour here - naturally with a fitting drink. Belsazar is the name of the Vermouth which has the head and heart from Berlin and body from southern Germany. Sebastian Brack, Maximilian Wagner and Philipp Schladerer are not unknown in the bar-scene. They experiment and let others try it until they find the perfect mixture of wine from southwest Germany, traditional fruit brandies and aromatic herbs. The result is a Rosso, a Dry , a Bianco and a Rose, which bring joy in all circumstances in life, straight up, mixed, not only as an aperitif.

Philipp Schladerer, Maximillian Wagner

Sylvia Kopp

Die Bierbotschafterin / *The ambassador of beer*

Zollpackhof, Berlin

Die Bierbotschafterin

Biersensorik, Stilkunde und Brauwissen. Das ist Sylvia Kopps Metier. Ihre Bierbotschaft ist ganz einfach: Vielfalt! In ihren Verkostungen und Workshops hat sie bisher über 1000 Interessierte inspiriert, die neue Biervielfalt wertzuschätzen und zu kultivieren. Seit der Weltmeisterschaft 2013 zählt sie zu den Top 5 Bier-Sommeliers. Nebenher hat sie auch noch Zeit gefunden, das ultimative Craft-Bier Buch zu schreiben. Die Brewers Association der USA hat sie zur Botschafterin für amerikanisches Craft-Beer in Europa ernannt. Seitdem gibt sie Kurse in Stockholm, Wien und London, besucht Festivals in Dublin, Paris und Denver. Kein Wunder, dass sie als erstes auf die Getränkekarte schaut, wenn sie ein Lokal betritt. Denn auch wenn sie manchmal zum Gin Tonic greift, die alles entscheidende Frage ist: Gibt es Craft Beer? Und wenn ja, gibt es außer einem India Pale Ale noch etwas anderes? Glücklich ist sie, wenn man ihr ein Orval-Bier vorsetzt, gebraut von Trappistenmönchen in Belgien. Glücklich ist sie auch darüber, dass die Bierszene in Berlin so lebendig und vielfältig geworden ist. Denn Sylvia Kopps Bierbotschaft ist und bleibt: Vielfalt!

The Ambassador of beer

Beer sensory, stylistics and brewing knowledge - her message is really simple: Diversity! With her workshops and tastings she inspired over 1000 interested people to appreciate and cultivate the new wide variety of beer. Since the world championship in 2013 she is one of the 5 top beer sommeliers, and alongside found the time to write the ultimate book about craft-beer. The Brewer Association of USA appointed her to be the ambassador of American craft-beer in Europe. Since then she is teaching courses in Stockholm, Vienna and London and is visiting festivals in Dublin, Paris and Denver. It is no surprise, she first checks out the drink menu when going in a restaurant. Because even drinking Gin Tonic once in a while, the question remains: Is there a craft-beer on the menu? If there is, is there something else besides an IPA? It makes her very happy, if she is served an Orval-beer brewed by Belgian monks. She is also very happy about the fact that the Berlin beer scene became so lively and diverse. Sylvia Kopps beer message remains: Diversity.

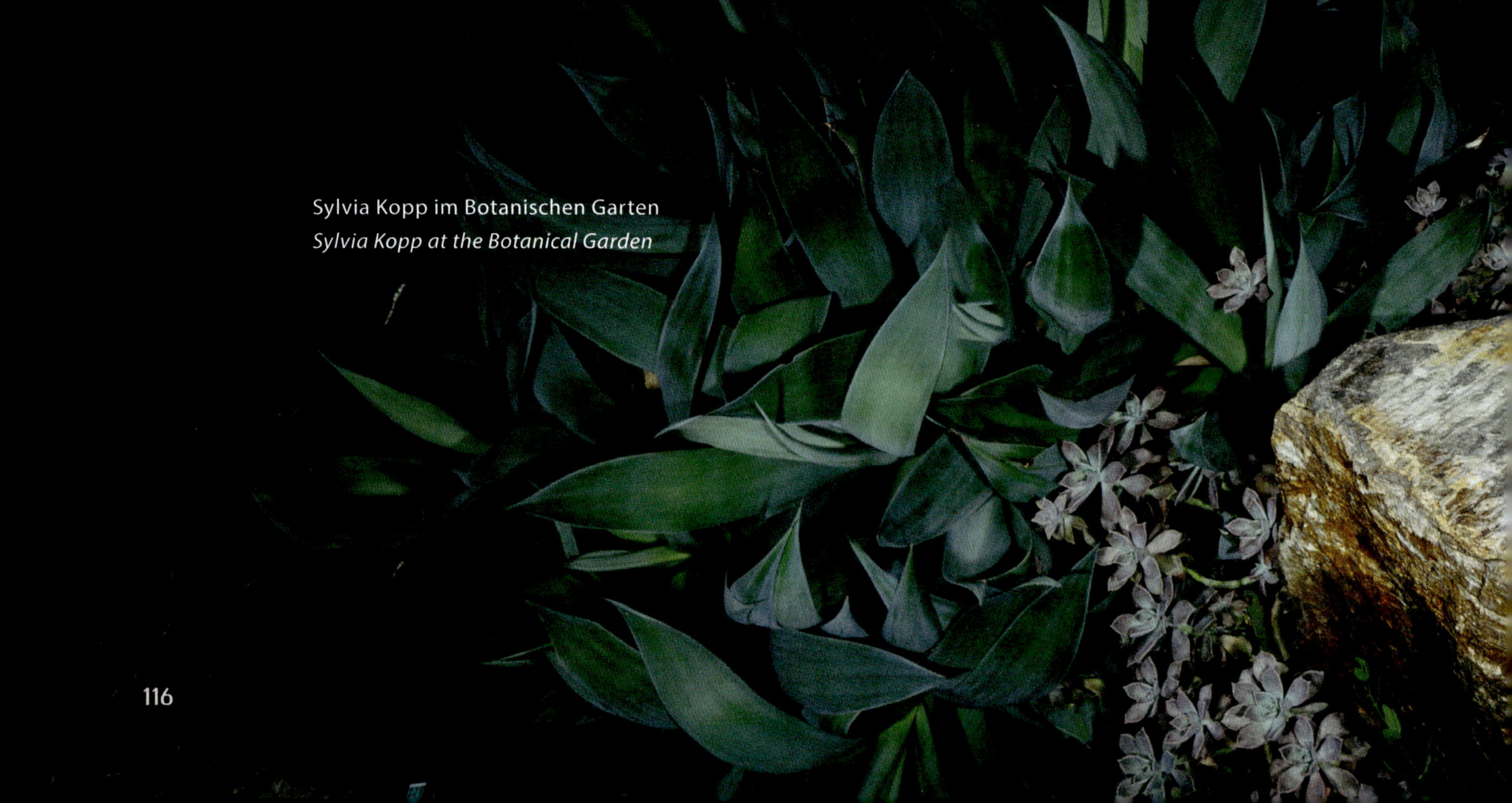

Sylvia Kopp im Botanischen Garten
Sylvia Kopp at the Botanical Garden

Alto Bar

Im Adina Apartment Hotel
Hackescher Markt

Die schöne Qual der Wahl

Das Adina Hotel liegt am beliebten Hackeschen Markt und doch abseits des Mainstreams. In der lässigen Alto Bar treffen Reisende auf Berliner Nachtschwärmer. Üppige Sessel laden zum entspannten Sitzen und Studieren der schier endlosen Getränkekarte ein. Was für eine Auswahl! Über 80 Cocktails und Longrdrinks hat das smarte Team um Barchef Andreas Andricopoulos drauf. Mit dabei natürlich Klassiker wie Negroni, Mojito oder Martini Cocktail. Die Jungs können aber mehr als Klassik und sind gerne kreativ. Dann servieren sie den German BBQ mit Rote Beete und Bacon oder einen Good Morning Berlin mit Whisky und Berliner Beerenkonfitüre. Kulinarische Unterstützung beim Trinken bietet typisches Barfood mit leicht australischem Touch, denn Australien ist die Heimat der Adina Hotels.

GERMAN BBQ

3cl Rote Beete Wodka / *Beetroot Infused Vodka*
2cl Gilka „Berliner Kümmel"
2cl Zitronen Saft frisch / *Fresh Lemon Juice*
1cl Weißer Schokoladen-Sirup / *White Chocolate Syrup*

Just shake.

The nice torture of the choice

The Hotel is located in the popular Hackescher Markt and, nevertheless, off the mainstream. The travelers and the Berliner night owls meet at the laid-back Alto Bar, where the comfortable armchairs invite you to relax and to read the endless drink menu. 80 different cocktails and longdrinks, made by the smart team and bar manager Andreas Andricopoulos. Like the popular classics Negroni, Mojito or Martini Cocktail.

The guys can do more than the classics, they are also very creative, that leads to serving German BBQ with red beets and bacon or a good morning Berlin with whiskey and Berlin berry jam. Culinary support is provided by bar food with a light Australian touch, because Australia is the homeland of the Adina Hotels.

Am Fuße des Kreuzberger Wasserfalls betreibt Jacopo Clark die Bar Franzotti. Schon 2012 hat er mit einem Schulfreund eine ehemalige Weinstube übernommen und angefangen, mit einem offenen Konzept zu experimentieren. Familiäre Stimmung, keine Karte, gute Beratung, niedrige Theke..., er legt Wert auf einen regen Austausch mit seinen Gästen. Dabei entstehen ständig neue Cocktailkreationen und originelle Abwandlungen bekannter Klassiker. Trotz der unkonventionellen Herangehensweise ist die Atmosphäre im Franzotti eher klassisch, so, als sei die Bar am Fuße des Kreuzberger Wasserfalls schon immer da gewesen.

A living cocktailmenu

At the bottom of the Kreuzberger waterfall, Jacopo Clark runs the bar Franzotti. Already since 2012, when he took over a former wine bar with a school friend and started to experiment with the open concept, informal atmosphere, no menu, good advice, a low bar... it is important to him to have an active exchange of ideas with his customers. That leads to constant new cocktails creations and original variations of well known classics. In spite of the unconventional approach, the atmosphere in Franzotti is classic, as if the bar was always there, at the bottom of the waterfall.

GRAN NEGRONI

30ml Colonel Fox Dry Gin
30ml Carpano Classico Wermut
20ml Gran Classico Bitterlikör
Grapefruitzeste / *grapefruit zest*

Franzotti

Bar

Pauly Bar

Sehr schön trinken

Die Bar vom Pauly Saal ist einfach wunderschön. Das muss auch mal gesagt werden! Das moosige Grün der Wände und das buttrige Karamell der lederbezogenen Polstermöbel machen einem britischen Herrenclub alle Ehre. Die exzellenten, saisonal wechselnden Drinks sind hauseigene Kreationen der beiden Barkeeper Justin Powell und Bobbi Kay. Für ihre Signature Drinks spielen die beiden in der kalten Jahreszeit mit Aromen von Kaffee, Nüssen, Gewürzen und Kakao, während im Sommer frischere, beerige Drinks auf der Karte stehen. Fast noch ein Geheimtipp ist, dass in der Pauly Bar mit das beste Barfood der Stadt gereicht wird. Aus der Küche von Sternekoch Arne Anker wandern kleine und größere Köstlichkeiten auf die Theke, die perfekt zu den Drinks passen. Spektakulär ist der ganze gebratene Blumenkohl, der mit Butter und Brotkrumen serviert wird und der den Abend um mindestens noch einen Drink verlängern kann.

Very nice drinking

The bar of the Pauly hall is just beautiful, that has to be said here. The moss colored walls and the buttery caramel colored leather furniture would honor every British men`s club. The excellent seasonal drinks are homemade creations by the two Barkeepers Justin Powell and Bobbi Kay. During the cold season, they play with flavors of coffee, nuts, spices and cocoa, in summer they offer fresh, fruity drinks on the menu. It is still a secret that Pauly bar offers the best bar food in town. The Michelin star awarded chef Arne Anker sends smaller or bigger delicacies to the bar, which fit the drinks perfectly. To mention here: the spectacular whole fried cauliflower served with butter and breadcrumbs that extends the evening at least for one more drink.

LOST IN TRANSLATION

10ml Rote Williams Birne Brand
15ml Limettensaft / *Lime Juice*
15ml Bergamotte-Sirup / *Bergamot Syrup*
45ml Junmai Sake

In ein Glas mit Eiswürfeln geben, mit 60ml Sprudelwasser auffüllen, verrühren. Dekoration: getrocknete Birne.

Fill the glass with ice cubes and top with 60ml sparkling water and stir. Garnish with dehydrated pear.

Zum Starken August

Bar

Kulka, Mäysel, (Ginger Synne) und Kai

ZUM STARKEN AUGUST!
CIRCUS BAR
BURLESQUE
COFFEE!
BARFOOD
>40 BEERS
10
BEERS ON TAP
PALE ALE, IPA & MORE
EVERY
SHOWS ON STAGE
STARS DER MANEGE
EVERY FR&SA 21:30
STARKE SHOW
BURLESQUE & MORE
EVERY 1ST SAT. OF A MONTH
PORNO KARAO
23.10.16 SUN. 11:00-16:00
PYJAMA PA
THE BEER + BREAKFAST SUND
MON EVERY 2 WEEKS
WILD BIN
MIT GISELA KLOPP
STAY UP TO DATE:
FACEBOOK.COM/
ZUMSTARKENAUGUS
SNACKS
ROTE-BEETE-HUMMUS
5,90
3 HEIßE CHILI KNACKER
NUSS-MIX 2,90
PRETZEL

Menschen, Biere, Sensationen

Man könnte sagen, Zum Starken August sei eine Craft Beer Bar. Und damit läge man völlig richtig, denn die Auswahl an guten Bieren aus regionalen und internationalen Mikro-Brauereien lässt sich sehen. Trinken natürlich auch. Zehn Zapfhähne sind am Start. Aber Zum Starken August ist soviel mehr! Die Betreiber Ginger Synne, Sebastian Kulka, Marcel Jahn und Kai Prillwitz haben den schrillen und lauten Teil der Barszene Berlins durch einen burlesken Zirkus für Erwachsene bereichert, der mit extravagantem Spektakel für Furore sorgt. Mit einem scharfen Auge für das Bizarre, das Phantastische, das Wunderbare und das Groteske im Leben werden in diesem Etablissement die Shows mit internationalen Künstlern zusammengestellt. Dazu wird einzigartige Unterhaltung wie Wild Bingo oder Porno-Karaoke geboten. Die verkleideten Betreiber führen wie Zirkusdirektoren durchs Programm. Manege frei!

People, Beer, Sensations

You could say, Zum Starken August is a Craft-Beer bar, and you would be completely right, because the beer selection of national and international micro-breweries is astounding. The bar with ten beer taps is more than inviting. But Zum Starken August is so much more. The owners Ginger Synne, Sebastian Kulka, Marcel Jahn and Kai Prillwitz added to the shrill and loud part of the bar scene by opening a burlesque circus for grownups, that causes a stir with its extravagant spectacle. With a keen eye for the bizarre, fantastic, wonderful and grotesque, the shows with international artists is put together. There is also unique entertainment like wild bingo and porno-karaoke. The costumed owners present the program like circus directors. The ring is open.

Nader Rahy's Staggering Horse
2cl Bulleit Bourbon
20cl Thomas Henry Ginger Ale
mit IPA auffüllen / *fill with IPA*

CZE
DAS ERSTE PILS DER WELT
PILSNER URQUELL
0,3 0,5
2,70 3,70
4,4%
USA
STONE
BEACHWOOD &
HERETIC
UNAPOLOGETIC
DOUBLE IPA
8.8% 5,00
GER
FRÄULEIN BRAUER
ROTER OKTOBER
-BOCKBIER-
6,8% 0,3 4,50
GER
BERLINER BERG
WET HOP IPA
6,9% 0,3 4,50

BIER

CIRCUS

Bierlieb

Brauerei / *Brewer*

Holger Trabant und Cristal Peck

Mit Bierlieb gegen den Bierernst!

Ist es ein Craft-Beer-Shop? Ist es ein Hobbybrauer Paradies? Ist es eine Mikro-Brauerei? Oder gar eine Brauschule? Seit das Bierlieb seine Tore in Friedrichshain geöffnet hat, gibt es für Fans handwerklicher Braukunst diesen ganz besonderen Ort. Der Inhaber Holger Trabant hat sich damit einen Traum erfüllt. Das Bierlieb ist quasi eine Anlaufstelle für alle Lebenslagen im Dasein eines Bierfreundes. In den Holz-Regalen stehen fast 300 Biersorten aus aller Welt. Ein Berlin-Kühlschrank vereint alle Brauer der Hauptstadt auf einen Blick. An einem großen Tisch im Nebenraum wird in wöchentlichen Verkostungen durch die Craft-Beer-Welt geführt. Wissbegierige Anfänger und Fortgeschrittene werden auf deutsch und englisch mit den unterschiedlichen Bierstilen bekannt gemacht, reisen in die Geschmackswelten berühmter Biernationen oder können sich durch die Vielfalt der neuen Berliner Biere probieren. In Kursen lernt man, wie man zu Hause sein eigenes Bier brauen kann. Natürlich gibt es die benötigten Zutaten wie Malz, Bierhefen und viele Hopfensorten auch gleich zu kaufen. Ganz nebenher braut die Crew von Bierlieb auch eigene Biere nach selbst entwickelten Rezepturen. Und wenn Bierfreunde ihre Freunde einladen wollen, können sie das Bierlieb mieten und nach Herzenslust Bier trinken, Bier schmecken und Bier brauen.

BIERLIEB
Zentrale
Braukurs 29.07.2016
Name Brauer / Name Brewer
Berliner Urkraft
Name Bier / Name Beer
Pale Ale
Sorte / Style
13° Pläto
Stammwürze / Original Gravity
Wasser, Malz, Hopfen, Hefe
Flaschengärung ab 07.08.
Zutaten / Ingredients
Datum Abfüllung / filling date
Bemerkung / Comment

BLUE OWL BREWING
PROFESSOR BLACK
SOUR CHERRY STOUT
Lucky Jack
GRAPEFRUIT EDITION
LERVIG AKTIEBRYGGERI
LIVE OAK
BLUE OWL BREWING
SPIRIT ANIMAL
SOUR PALE ALE
BEAVERTOWN
BLACK BETTY
BLACK IPA
POWER & LIGHT
AMERICAN PALE ALE

MALZE
Pilsner
Wiener
Münchner
Cara Pils
Sauermalz
Weizenmalz hell
Carahell
Carafa Typ 2
Carared
Caraamber
Caramünch Typ 2
Cara-aroma
Carabelge
Melanoidin malz
Buchenrauch
Abbey malz
Röstgerste
•AUS AUSTRALIEN
Ella, Galaxy
•AUS NEUSEELAND
Motueka, Nelson
Sticklebract
•AUS USA
Apollo, Citra, Crystal,
Mount Hood, Simcoe,
Willamette
•AUS DEUTSCHLAND
Cascade, Fantasia
Polaris, Hallertauer

Beer love against the Beer serious

Is it a craft-beer shop? Is it a hobby brewer paradise? Is it a micro-brewery? Or is it a brewer-school? Ever since the Bierlieb opened its doors in Friedrichshain it has given the fans a special place. The owner Holger Trabant has made his dream come true. The Bierlieb is virtually a place to drop-in for all situations that occur in the life of a beer friend. In the wooden shelves are almost 300 beers from around the world. Looking into the "Berlin beer refrigerator", you see all the brewers of the city at a glance. On the table in the next room, weekly tastings are guiding you through the world of craft-beer. Beginners and advanced fans that are eager to learn about the different beer styles can do so in English and German and travel to the famous beer nations or can try the variety of new Berlin-beers themselves. One can also learn the knowhow of brewing beer at home and buy the nessecary ingredients like malt, hops or yeast. At the same time, the crew of Bierlieb brews beer from their own recipes and rents the place to beer fans that want to invite their friends to brew, taste and drink beer.

Gin for the gentle people

Wenn in Berlin ein Gewürzhändler mit einer Leidenschaft für Safran auf einen irischen Meisterbrenner trifft und Gin weltweit gerade als angesagteste Spirituose gefeiert wird, ist eigentlich schon klar, was passiert. Stanislav Bic und Marcus O'Shea kreieren einen neuen Gin, aber nicht irgendeinen, sondern einen Gin, der dem Gewürzhändler, dem Meisterbrenner und der Hauptstadt würdig ist. Für den Gin bringt der Händler seine besten Gewürze aus aller Welt nach Berlin, in kleinen Mengen geerntet und schonend transportiert. Der Meisterbrenner destilliert besten deutschen Weizen in einer handgemachten Kupferbrennblase und filtert ihn sorgfältig dreimal. Gemeinsam arbeiten sie an einem Rezept für die Zusammenstellung der Botanicals, dass die Zungen und Herzen der Berliner im Sturm erobern soll. Natürlich Safran, das teuerste Gewürz der Welt, aber auch Kanadischer Gelbwurz, Koriandersamen und Grapefruitschalen verleihen, neben dem klassischen Wacholder, dem Gentle Gin sein unvergleichliches Aroma und den unverwechselbaren intensiv gelben Farbton.

Gentle Gin

Spirituosenhersteller / *Producer of spirits*

Kaiser Wilhelm, Aaron, Myrhia, Stanislav und Marcus

Gin for the gentle people

When a spice trader with a passion for saffron meets an Irish master distiller in Berlin and Gin is the in-drink worldwide, there is no question about what is going to happen. Stanislav Bic and Marcus O`Shea create a new line, not any ordinary Gin, but rather a Gin worthy of the spice trader, the master distiller and the capital. The trader brings his best spices from all over the world, harvested in small batches and carefully transported. The master distiller distills gently. The best German wheat in a handmade copper distillery and carefully filtered three times. Together they work out a recipe for the combination of the botanicals that should capture the heart of the Berliners. Saffron, the most expensive spice of the world, but also Canadian curcuma, coriander seeds and grapefruit peels give, next to juniper berry, Gentle Gin its unparalleled aroma and its distinctive yellow color.

Stone Brewing Berlin

Brauerei / *Brewer*

Ein Amerikaner in Berlin

Stone Brewing aus San Diego in Kalifornien ist eine der größten und bekanntesten Craft-Beer Brauereien. Biere wie das Stone IPA, das Stone Ruination Double IPA oder das Arrogant Bastard Ale haben nicht nur in den USA Kultstatus. Mit-Gründer Greg Koch ist einer der bekanntesten Vorreiter im Kampf gegen langweiligen Geschmack, billige Zutaten und chemische Zusätze im Bier. „Bier-Rocker", „Bier-Jesus" oder „Kult-Brauer" nennt man ihn hierzulande, denn was er in seinem Heimatland geschafft hat, möchte er in Europa fortsetzen: Aufregendes Bier zu brauen und die Menschen dafür zu begeistern! Schon seit Jahren suchte Stone Brewing einen Standort, um seine Vision umzusetzen. In den historischen Backsteingebäuden des Gaswerks in Mariendorf hat Stone Brewing kürzlich eine nigelnagelneue Brauerei nebst Bierbar, Restaurant und Garten eröffnet. Über 60 Biere gibt es aus den Zapfhähnen der langen Bar – eine rekordverdächtige Anzahl. Das große Restaurant bietet passende internationale und Berliner Gerichte aus vorwiegend regionalen Zutaten. In der weitläufigen Gartenanlage kann man sich einen schönen Tag machen. Mit gutem Bier, versteht sich!

An American in Berlin

Stone Brewing, originally from San Diego in California, is one of the best known and largest craft beer breweries. Their beers have achieved cult status not only in the United States, but abroad as well with their styles such as Stone IPA, Stone Ruination Double IPA or Arrogant Bastard Ale achieving international notoriety. Stone Brewing Co-founder Greg Koch is one of the pioneers in the battle against flat and boring flavor profiles, cheap ingredients, and chemical additives in beer. In Germany, he is hailed as the "Beer Jesus", "Cult Brewer" and "Rock & Roll Brewer" and is looking to continue the success he had in America by brewing big, bold character beers to inspire craft fans in Europe. For years, the Stone Brewing team looked for a location to put their vision into practice – a vision that is now a reality at the Stone Brewing World Bistro & Gardens - Berlin. Stone Brewing recently opened a brand new brewery, restaurant and beer garden, located in the historic red brick buildings of the former gasworks park in Mariendorf, Berlin. The Stone Berlin team offers more than 60 unique beers on tap – the largest draft list on offer in Germany. The restaurant serves international and Berliner specialties, with a focus on small-farm organic produce. The spacious garden is a great place to spend a beautiful day in the sun – of course drinking a delicious craft beer.

Comptoir du Cidre

Die Geschichte von Lulu

Lulu ist ein Seemann mit bauschigem Bart und dem Herzen auf dem rechten Fleck. Er liebt sein Segelboot, den Ozean, die Wellen und die Wolken. Und weil Lulu aus der Normandie kommt, trinkt er am allerliebsten einen guten Cidre. Ein fruchtiger Cidre mit lieblichem Apfelduft macht ihn froh. Ein trockener Cidre mit spritziger Säure macht ihn glücklich. Lulu sagt, der Cidre tut seinem Herzen gut. Jedes Jahr, wenn der Cidre fertig ist, sucht er die Besten aus. Einen klassischen Cidre mit feiner Frucht und einen trockenen mit herbem Aroma. Die nimmt er in Fässern und Flaschen mit auf sein Segelboot und sticht in See. In jedem Hafen warten die Menschen sehnsüchtig auf Lulu und seinen Cidre aus der neuen Apfelernte. Denn ein guter Cidre tut dem Herzen der Menschen gut. Diese schöne Geschichte erzählt Sidney Kristiansen, der mit seiner Schwester Leila das Comptoir du Cidre betreibt. Das Comptoir du Cidre ist gleichzeitig ein Importeur von bestem normannischen Cidre und ein bekanntes Street Food Concept. Mit dem 48 Stunden gegarten Cidre Steak machen Leila und Sidney mittlerweile deutschlandweit die Menschen glücklich. Genauso wie Lulu, der normannische Seebär.

The story of Lulu

Lulu is a sailor with a full beard and his heart is in the right place. He loved his sailboat, the ocean, the waves and the sky, because Lulu is from the Normandy, he loves to drink a good cider. A fruity cider with a sweet apple touch made him delighted. A dry cider with its sparkling tartness, happy - Lulu said it was good for his heart. Every year when the cider was ready he would look for the best, a classic cider with a fine fruity note and one with a dry herbal aroma. Then he would take the barrels and bottles with him on his sailboat, and always gave the first swig to the sea. In every harbor the people waited wistfully for Lulu and the new season`s cider because as we all know, the cider is good for the heart. This is the story that is told by Sidney Kristiansen, who with his sister Leila, are the owners of Comptoir du Cidre. The Comptoir du Cidre imports the best of Normandy´s cider and is also known for Street Food Concept. With their 48 hour cooked Cider Steak, Leila and Sidney are making all of Germany happy. Just like Lulu the sailor from Normandy.

Peter Eichhorn

Autor / *Author*

ZOOLOGISCHER

Kulinarische Berlin-Betrachtungen

Peter Eichhorn ist der kulinarische Historiker Berlins. Seine Expertise über die Berliner Food-Geschichte zwischen vorgestern und übermorgen würzt er mit Liebe zum amüsanten Detail und mit einer augenzwinkernden Vorliebe für skurrile Anekdoten und Persönlichkeiten. In kurzweiligen Stadtführungen, bei hochprozentigen Verkostungen sowie in zahlreichen Publikationen und Büchern erzählt er vom Genuss in der Hauptstadt. Wenn jemand behaupten kann, mit der kulinarischen Vielfalt Berlins wirklich auf Du und Du zu sein, dann ist es Peter Eichhorn. Abgefahrene Imbisse, Berliner Spezialitäten, versteckte Mikrobrauereien, alte Teestuben, edle Sternerestaurants, billige Kaschemmen und neue Biertempel. Peter Eichhorn weiß, was wo wie schmeckt und auch warum. Besonders Bars, Cocktails und Bier haben es ihm angetan. Über flüssige Genüsse und deren beste Quellen schreibt er in renommierten Fachmagazinen und auf seinem lesenswerten Blog. Sein Motto: Ich jogge nie, ich würde sonst meinen Martini verschütten!

Culinary Berlin considration

Peter Eichhorn is the culinary historian of Berlin. He seasons his expertise of Berlin food history between the past and the future, with love for amusing details and humorous preference for odd tales and personalities. He tells about the treats in town during entertaining city tours, high-proof tastings and in numerous publications and books. If anyone can claim to be on familiar terms with the culinary diversity of Berlin, it is Peter Eichhorn. Outstanding snack stands, Berliner specialties, hidden micro-breweries, old tearooms, fine restaurants, cheap dives and new beer halls, Peter Eichhorn knows exactly, what, where and how it tastes and why. Especially bars, cocktails and beer are his favorite subjects. He writes about liquid pleasure and their best source of supply in his blog and he is published in renowned magazines. His motto: " I don`t jog because I would spill my martini".

Peter Eichhorn im/*at* Foersters Feine Biere, Steglitz

Im Westen was Neues!

In der Bar des Hotels am Steinplatz in Charlottenburg ist alles elegant. Im Besten Sinne des Wortes. Auf den Punkt. Elegant. Das Gebäude. Das Mobiliar. Die Theke. Die Drinks. Das Barfood. Alles ist unverschnörkelt, hochwertig und stilvoll. Barmanager Christian Gentemanns Karte führt regionale, saisonale und internationale Kreationen weit jenseits der Bar-Klassiker. Alle Drinks sind fein beschrieben und sogar illustriert. Hier waltet der gute Geschmack. Nichts bleibt hinter den hoch gesteckten Erwartungen zurück. Auch nicht das Barfood von Marcus Zimmer, wie die Eisbeinkrokette oder das gebackene Solei. Sogar an ein Hausbier wurde gedacht! Mittlerweile sind es zwei exklusive Craft Beer Sorten, die die sorgfältig zusammengestellte Craft Beer Karte noch interessanter machen.

Christian Gentemann

Bar am Steinplatz

Something new in the west

Everything is elegant when it comes to the bar of the Hotel am Steinplatz in Charlottenburg, in the best meaning of the word, on point, elegant, the building, the furnishings, the bar, the drinks, the bar food. Everything is straight forward, high-quality and stylish. Bar manager Christian Gentemanns offers regional, seasonal and international creations far beyond normal bar-classics in his menu. All drinks are accurately described and even illustrated. The good taste rules here. Nothing is left behind, the high expectations, the bar food, created by Marcus Zimmer, like the croquette from knuckle of pork or the fried pickled egg. Even a house brewed beer is on the menu and now two exclusive craft- beers, which make the carefully composed craft-beer menu more interesting.

BERLINER WEISSE

2 EL Sauerampfersorbet / *Sorrel sorbet*
15ml Getreidekümmel
(Preussische Spiritousen Manufaktur)
120ml BRLO Weisse

Im Blender schaumig mixen und mit 50 ml BRLO Weisse auffüllen / *Mix in a blender and fill with 50ml BRLO Weisse*

SAUERAMPFERSORBET

175ml Wasser / *Water*
20ml Zitronensaft / *Lemon juice*
50g Glukose
75g Zucker / *Sugar*

Zu einem Sirup aufkochen, kalt stellen. 120g Sauerampfer in den kalten Sirup mixen, 100g geschlagenes Eiweiß unterheben. Mind. 24 h im Froster kalten stellen / *Boil to a syrup, refrigerate. Mix 120g sorrel into the cold syrup, fold in 100g whipped eggwhite. Freeze for at least 24 h*

Rum Trader

Bar

Betreutes Trinken

Eine Institution, eine Kult-Bar, eine Legende… in seiner 40-jährigen Existenz hat sich der Rum Trader diese und andere Auszeichnungen mehr als verdient. Genauso wie die beiden Betreiber. Eröffnet 1976 von Herrn Schröder, der seine Ausbildung vor dem Krieg als Page im Adlon begann und nach dem Krieg in der internationalen Hotellerie meisterlich das Mixen lernte. Fortgeführt seit 2001 von Herrn Scholl, zuvor Chef der Paris Bar mit Doppelleben als Komponist von Orchestermusik. Beides Prototypen des gebildeten Gentlemen Barkeepers, der gekonnt mit seinen Gästen parliert, während er entscheidet, was sie zu trinken bekommen. Institut des fortgeschrittenen Trinkens nennt Herr Scholl das Konzept, mit dem er seine Gäste durch den Abend und an die Cocktails führt. Die winzig kleine Bar mit den 16 Plätzen und dem britisch-kolonialen Ambiente ist die perfekte Bühne für seinen Auftritt. In Dreiteiler und Schleife versteht sich. Man ist schließlich im Rum Trader. Eine Institution, eine Kult-Bar, eine Legende…

GUYANA MANHATTAN

4cl O.V.D. Demarara Rum
2cl Noilly Prat rouge
Eis / Ice

Kunstwerk / Art: Andreas Horlitz

Assisted drinking

An institution, a cult-bar, a legend in its existence of 40 years, the Rum Trader more than earned these distinctions, as well as the two owners. In 1976 Mr. Schröder, he started his apprenticeship as a bellboy before the war in Hotel Adlon, to then become a master barkeeper in international Hotels after the war. Continued on since 2001 by Mr. Scholl, former bar manager of the Paris Bar and living a double life as a composer for orchestra music. Both prototypes of the well-educated gentleman barkeeper, who knows how to talk masterly with his customers, while describing what they should drink. An institute for advanced drinking is what Mr. Scholl calls the concept, guiding his customers through the evening and to the cocktails. The tiny bar with 16 seats and the British-colonial ambiance is the perfect stage for his entrance in a three piece suit and bow tie, naturally. After all, you are at the Rum Trader, an institution, a cult-bar, a legend.

Lebensstern

Bar

Klassisch funkeln

Die Bar Lebensstern findet man in der Kurfürstenstraße im ersten Stock einer eleganten Villa aus dem 19. Jahrhundert. Direkt darunter: das Café Einstein Stammhaus, mit seiner traditionellen Wiener Kaffeehausatmosphäre. Der Betreiber des Einstein hat sich mit der eleganten Bar im Stil der 20er Jahre einen persönlichen Traum erfüllt. Das klassische Ambiente mit holzgetäfelter Bar und einem Rumzimmer voller Raritäten hat schon Quentin Tarantino begeistert. Er drehte hier einige Szenen seiner " Inglourious Basterds " und genehmigte sich auch den ein oder anderen Drink. Anne Rusch und ihr Team können aus rund 1800 internationalen Spirituosen wählen, der Schwerpunkt liegt im Lebensstern auf Gin und Rum. Die Karte liest sich elegant und exquisit, mit individuellen Kreationen wie z.B. Oscar Wilde`s "Lady Windermere" - Bermuda Rum, hausgemachtes Blanc de Noir Eis und Champagner Pierre Gimonnet. Beliebt bei den Gästen: die Barfood Karte u.a. mit internationalen Fischkonserven und hausgemachten Snacks.

NELSON MANDELA

6cl Rum
2cl Limettensaft / *Lime juice*
1,5cl Vanillesirup / *Vanilla syrup*
3cl Rhabarbersaft / *Rhubarb juice*
6 Blätter Salbei / *Leafs of sage*

HENNY PORTEN
BED OF ROSES

CASSE-PIERRES

Classic sparkling

The bar Lebensstern is found on the Kurfürstenstraße in the second floor of an elegant villa from the 19th century. Directly beneath: the Café Einstein, with its traditional atmosphere of Viennese coffee house. The owner of Einstein fulfilled a personal dream by opening this bar in style of the 20´s. The classic ambiance with a wood paneled bar and a rum room full of rarities already impressed Quentin Tarantino. Who shot a couple of scenes for "Inglourious Basterds" and also had a couple of drinks. Anne Rusch and her team handle over 1800 international spirits, gin and rum playing the main role in Lebensstern. The menu reads elegant and exquisite with individual creations like Oscar Wilde´s "Lady Windermere" - Bermuda rum, homemade Blanc de Noir ice cream and champagne Pierre Gimonnet. Very well-liked by the customers is the bar food menu: homemade snacks, international fish preserves and much more.

(Sch)Weinselig in Mitte

Das Schwein ist eine Weinbar, die auch eine Cocktailbar ist. Und ein Restaurant. Alles in einem. Die unkomplizierte Weinkarte führt ca. 100 Weine, überwiegend autochtone Rebsorten, einige Naturweine sind auch dabei und für gute Süßweine hat man im Schwein auch ein Herz. Ist man eher spirituös gestimmt, hat man die schöne Qual der Wahl aus 40 internationalen Gins, 10 Tonic-Sorten und hauseigenen hochinteressanten Cocktailkreationen wie das Apfelschwein mit Gin, Apfel, Malz und Pflaume, den Hazelbach mit Bourbon, Haselnuss und Wasserkresse oder das Rosa Ferkel mit Tequila, Hibiskus und grünem Kardamon. Des Schweins junger Küchenchef Christopher Kümper kreiert mühelos köstliche Speisen dazu, klein oder groß, einzeln oder im Menü. Fine Schweining!

Christopher Kümper, David Monnie

Schwein

Weinbar / Winebar

2015 Sauvignon Blanc Zweimännerwein
Weiß / Deutschland / Franken
Das Weingut Stahl befindet sich in Auernhofen in der Nähe vom Taubertal. Christian Stahl ist der Winzer, und außerdem Lieblingswinzer von Stuart Pigott :-)

The winery Stahl is located in Auernhofen near the Taubertal. Christian Stahl is the wine maker and furthermore the most favorite of Stuart Pigott.

Cheerful wine in Mitte

The Schwein is a wine bar, also a cocktail bar and a restaurant, all wrapped up into one. The uncomplicated wine menu consists of 100 wines, mostly autochtoneous wines, some natural wines and the Schwein has a heart for dessert wines, too. If you are more in the mood for liquor, you have the hard choice between 40 international Gins, 10 sorts of tonic and interesting cocktail creations like the "Afelschwein" made with gin, apple, malt and plum, the "Hazelbach" with Bourbon, hazelnut and watercress or the "Pink Piglet" with tequila, hibiscus, and green cardamom. Christopher Kümper, the young chef of the "Schwein", creates effortlessly delicious dishes, small or bigger, separate or as menu.

BETE/ ZIEGENKÄSE/ KÜMMEL
Das Ziegenbrikett vom Schleusenhof Regow aus der Uckermark ist ein mit Hefe gereifter Ziegenfrischkäse. Die Beete ergänzt als Chutney, Pickle und Püree mit erdig, süßen Aromen die leichte Schärfe des Briketts. Eine Kümmelcreme auf Auberginenbasis und ein Honigkaramell dienen als Verbindungsstück

BEET / GOAT CHEESE/ CARAWAY
The goat cheese log of "Schleusenhof Regow" in the Uckermark is a yeast ripened fresh goat cheese, complemented by beet chutney also pickled and puree, the slightly sharp goat cheese, with its earthy, sweet aromas, a caraway cream, on eggplants rounds with honey caramel.

Delicious Berlin

Shop

Edel & smart

Spirituosen, Weine und Zigarren für Genießer. Mehr Worte braucht es eigentlich fast nicht, um das runde Konzept des Charlottenburger Ladens von Sebastian Gollas und Martin Geisler zu beschreiben. Obwohl dann doch einiges ein bisschen zu kurz käme. Wie z.B. die beliebten Verkostungen, die regelmäßig und thematisch gut durchdacht durch das Sortiment führen. Oder der begehbare Humidor, in dem mehr als 1000 verschiedene Zigarren auf den Aficionado warten, davon viele mit Seltenheitswert. Oder das elegante Raumdesign. Und last but not least natürlich das aus Klassikern und Raritäten sorgfältig zusammengestellte Angebot an wirklich erlesenen Weinen und Destillaten, für die Kenner auch mal eine etwas längere Anreise in Kauf nehmen.

Elegant & smart

Spirits, wines and cigars for the connoisseurs. More words are not needed to describe the well-rounded concept of the Charlottenburger store of Sebastian Gollas and Martin Geisler. But stopping there, something would come up a little short, for example the tastings of the assortments which are regularly and carefully thought out. Or the walk-in humidor with more than a 1000 different cigars and a selection of rarity cigars, waiting on an aficionado. Or the stylish room design. And last but not least, the assortment assembled of classic and rare wines and distillates, for that the connoisseurs are willing to travel long ways.

PLANÈRES
PLANÈRES

Essen ist ein Bedürfnis,
genießen ist eine Kunst.

GIN
GIN
LONDON
DRY GIN
ELEPHANT GIN

Pijökel

Spirituosenhersteller /
Producer of spirits

Es war einmal ein kleines Wurzelholz aus Bremen

Es gibt Gründungsmythen und Gründungsmythen. Der Gründungsmythos vom Berliner Kräuterlikör Pijökel ist so sympathisch absurd, dass er komplett glaubwürdig ist. Im Jahr 1955 findet eine Gang ausgelassener Pennäler ein komisches Stück Wurzelholz auf dem Schulhof. In herrlich absurder Stimmung geben sie dem Ding einen skurrilen Namen Pijökel und erheben es zum Kultgegenstand. Dazu muss gesagt werden, dass die Geschichte in Bremen spielt und Pijökel auf plattdeutsch „kleines Ding" heißt. Doch mit der Namensgebung war es nicht genug! Das frischgetaufte Wurzelholz besaß die Kraft, die Freunde fürs Leben zusammenzuschweißen, ein Pijökel-Kult entstand, mit geheimen Treffen, mysteriösen Riten und allerlei Schabernack. Zur Vervollständigung der kultigen Treffen entstand sogar ein Kräuterlikör namens Pijökel. Angesetzt von einem der Freunde, einem Apotheker (what else?) namens Kuno Grote. Und damit kommen wir zur Sache. Seinen Sohn Gabriel Grote, mittlerweile in Berlin, lassen die Kindheits- und Jugenderinnerungen an Vanille, Ingwer, Nelken und Kardamom nicht los. Doch erst nach dem Tod seines Vaters packt es ihn so richtig. Er begeistert seinen Freund Henning Birkenhake und die beiden Tonmeister hängen die Töne an den Nagel und machen fortan in Likör. Aus dem Geheimrezept von Vater Grote entsteht in Berlin der Kräuterlikör Pijökel 55, handwerklich hergestellt, aus einem Mazerat mit den besten Kräutern und Gewürzen. Mittlerweile gibt es auch BRLN WILLIAMS HONEY, ein handgemachter Williams-Brand mit Berliner Stadthonig. Und das ist 60 Jahre nach dem Fund des Pijökels nun wahrlich kein „kleines Ding" mehr!

Once there was a little root from Bremen

The start-up myth from Berliner Herb-Liquor Pijökel is so pleasantly absurd, that it is completely believable. In the Year 1955 a group of excited students found a strange looking root in the schoolyard. In a playful frame of mind they gave it the name Pijökel and made it a cult object. It is important to know that the story is happening in Bremen and Pijökel means "small thing" in the regional dialect. The christened root had the power to bind the friends for life. A Pijökel cult was born with secret meetings, mysterious rites and pranks. In addition to the rites and secret meetings came the Herb-Liquor called Pijökel. Started by one of the friends, a pharmacist (what else) whose name was Kuno Grote. And finally we get to the point. His son, Gabriel Grote, now living in Berlin, could not let go of his childhood memories of Vanilla, Ginger, Clove and Cardamom. But not until after the death of his father did he really get into it. With his enthusiasm he inspired his friend Henning Birkenhake and the two sound-engineers gave up their jobs, to make liquor. From the secret recipe of father Grote came the Herb-Liquor 55, manufactured in Berlin, a mixture of the finest herbs and spices. In the meantime there is a new liquor called BRLN WILLIAMS HONEY, a handmade Williams-Brand with Berliner honey. 60 years after the discovery of the Pijökel, this is really not a "small thing".

WILLI & TONIC

4cl BRLN WILLIAMS HONEY
Ingwerstreifen / *Ginger*
Eiswürfel / *Ice cubes*
Auffüllen mit Tonic Water
Fill with Tonic Water

GOLDELSE

2cl PIJÖKEL 55
2cl Soda
Gurken- und Orangenscheiben
Eiswürfel, auffüllen mit Ginger Ale
Slices of cucumber and orange
Ice cubes, fill with Ginger Ale

Timo Thoennißen - Geschäftsführer/Gründer

Sebastian Pfister - Braumeister

Sam O'Neill - Brauer

Anja Mayr - Barmanagerin

Straßenbräu

Brauerei / *Brewer*

%vol
IBU
4,8%
5,4%
7,0%
6,2%
22
28
33
60
MALZIG, MILD, SÜFFIG
FRUCHTIGES HOPFENAROMA, LEICHT
HERB, MILDES FINISH, SONNIG
TROPISCHES IPA, MIT CITRA,
AMARILLO UND NELSON SAUVIN
SEHR FRUCHTIG, LEICHT UND MILD
MIT VIEL WALDBEEREN
SEHR HOPFENBETONT MIT
BAYRISCHEM + AMERIKAN. HOPFEN
PALE ALE MIT WEIZENMALZ,
CITRA HOPFEN ➜ SÜFFIG
KALTHOPFUNG: CITRA, MOSAIC, CHINOOK
Eine wahre Malz-und Hopfen-
Bombe
wie die Nacht
0,3L
0,4L
3,50€ - 4,50€
4,50€

7 GÄRUNG

Die ständige Entwicklung

Wenn die Blonde Anne die Sonntagnacht mit einer Nachtschicht im Berliner Beerengarten verbringt und dabei auf Pizza Mia und Schneewittchen trifft, dann ist das nicht Dada sondern Braukunst. Das Straßenbräu in Friedrichshain dürfte die abgefahrensten Biere der Stadt auf dem Zapfhahn haben. Selbstgebraut versteht sich. Nicht nur die Namen sind originell, auch die Kombinationen von Zutaten und Bierstilen zeugen von einer geradezu hemmungslosen Fantasie beim Brauen. Der Berliner Beerengarten ist ein Walbeeren Ale und damit noch vergleichsweise harmlos. Pizza Mia hingegen ist ein Pizza Ale gebraut mit Tomate, Oregano und Basilikum und liegt damit schon recht weit vorne auf der Originalitätsskala. Die Sonntagnacht entpuppt sich als solides Imperial Stout, gebraut mit Schokolade und Kaffee, während in dem Milk Stout Nachtschicht die Zutaten Erdbeeren, Vanille und Schokolade vereint wurden. „Unsere Kreativität kennt keine Grenzen", versichern denn auch die drei Gründer vom noch nicht mal ein Jahr alten Straßenbräu -Timo Thoennißen, Sebastian Pfister und Paul Schmidt- und „Wir entwickeln ständig neue Ideen!". Aber es wandern dann doch nicht ständig Marshmallows und Veilchenwurzeln in den Braukessel. Im Straßenbräu werden auch sehr solide Klassiker gezapft, denn auf das gute Handwerk legen die Drei auch großen Wert.

Constant development

When the „Blonde Anne" spends the „Sonntagnacht" during a "Nachschicht" in the "Berliner Beererngarten" and meets „Pizza Mia" and „ Schneewittchen", then you don`t experience DADA but art of brewing. The Straßenbräu in Friedrichshain probably offers the most whacky beers in town on tap. Home brewed of course. Not only the names are unique, but also the combination of ingredients and styles show an unrestrained fantasy. The "Berliner Beerengarten" is ale made with forest berries, a more harmless variety "Pizza Mia" is brewed

sion of ale "Sonntagnacht" turns out to be a solid imperial stout brewed with chocolate and coffee, while the milk stout "Nachtschicht" combines the ingredients strawberry, vanilla and chocolate. "Our creativity has no limits", the three founders of the one year old Straßenbräu ensure. Timo Thoennißen, Sebastian Pfister and Paul Schmidt constantly generate new ideas, not always using marshmallows and violet roots. The three owners also offer solid classics, because they value the traditional art of brewing as well.

893 Ryōtei

Bar

Dennis Keiner, Bartender

Fancy in Japan

Ein Ryōtei ist in Japan ein edles, etwas verstecktes Restaurant, in das man nur mit Empfehlung gelangt. Eine Empfehlung braucht man für die kürzlich eröffnete Speisenbar 893 Ryōtei nicht, aber man muss sie erst finden. Hinter einer schäbigen Discounter-Fassade mit verspiegelten Fenstern gelangt man in eines der urbansten Lokale Berlins. Es handelt sich um den neuesten kulinarischen Streich von The Duc Ngo, dem Gründer des Kuchi-Imperiums. Das 893 Ryōtei ist eine Hommage an Japans moderne Küche. Die unkonventionellen Speisen spielen mit japanischen Traditionen und mit Einflüssen der japanischen Auswanderer-Küche wie Nikkei aus Peru. Serviert wird an einer langen edelcoolen Bar mit offener Küche dahinter. Zu den tapasartigen Gerichten wählt man aus einer exzellenten Getränkekarte Weine oder Cocktails, natürlich Sake oder das Trendgetränk Shochu. Übrigens, wenn man die Zahlenkombination 893 auf japanisch ausspricht, sagt man: Ya Ku Za.

伝心
伝心
清酒
HAKKAISAN
八海山

Fancy in Japan

A Ryōtei in Japan, is a stylish, slightly hidden restaurant, you only can visit with a recommendation. You don`t need a recommendation to visit the recently opened food bar 893 Ryōtei, but you have to find it. Hidden behind a shabby discounter front with mirrored windows, you find the most urban restaurant of Berlin. It is the newest escapade of the Duc Ngo, the founder of Kuchi empire. The 893 Ryōtei pays homage to the modern kitchen of Japan, the unconventional play with Japanese traditions and influences from the kitchen of the Japanese emigrants like Nikkei from Peru. Food is served at a long super cool bar with an open kitchen behind it. While enjoying the tapas-like dishes you can choose wine or cocktails from an excellent menu, drinks like Sake and Shochu. By the way, if you pronounce the number combination 893 in Japanese, you will say: Ya Ku Za.

PISCO SOUR

5cl Pisco Control
3cl frischer Limettensaft / *Fresh lime juice*
2cl Zuckersirup / *Sugar syrup*
1 Eiweiß / *Egg white*

TUNA TAQUITO

Tuna Sashimi
Jalapeno
Daikon Kresse / *Daikon Cress*
Yuzu-Trüffel Mayonnaise
Yuzu-Truffle Mayonaise

Gegrillte Weizentortillas
Grilled wheat tortillas

BUTTERFISCH TAQUITO

Butterfisch Sashimi
Trüffel / *Truffle*
Rosmarin / *Rosemary*
Olivenöl / *Olive oil*
Meersalz / *Seasalt*

SALMON TAQUITO

Salmon Sashimi
Avocado
Daikon Kresse / *Daikon Cress*

Cathrin Brandes

Autorin / *Author*

EY
HELIOS Kliniken
ADMIRALSPALAST
ヨッミオ
YOSHIMIO
PRODUCTION
Heute

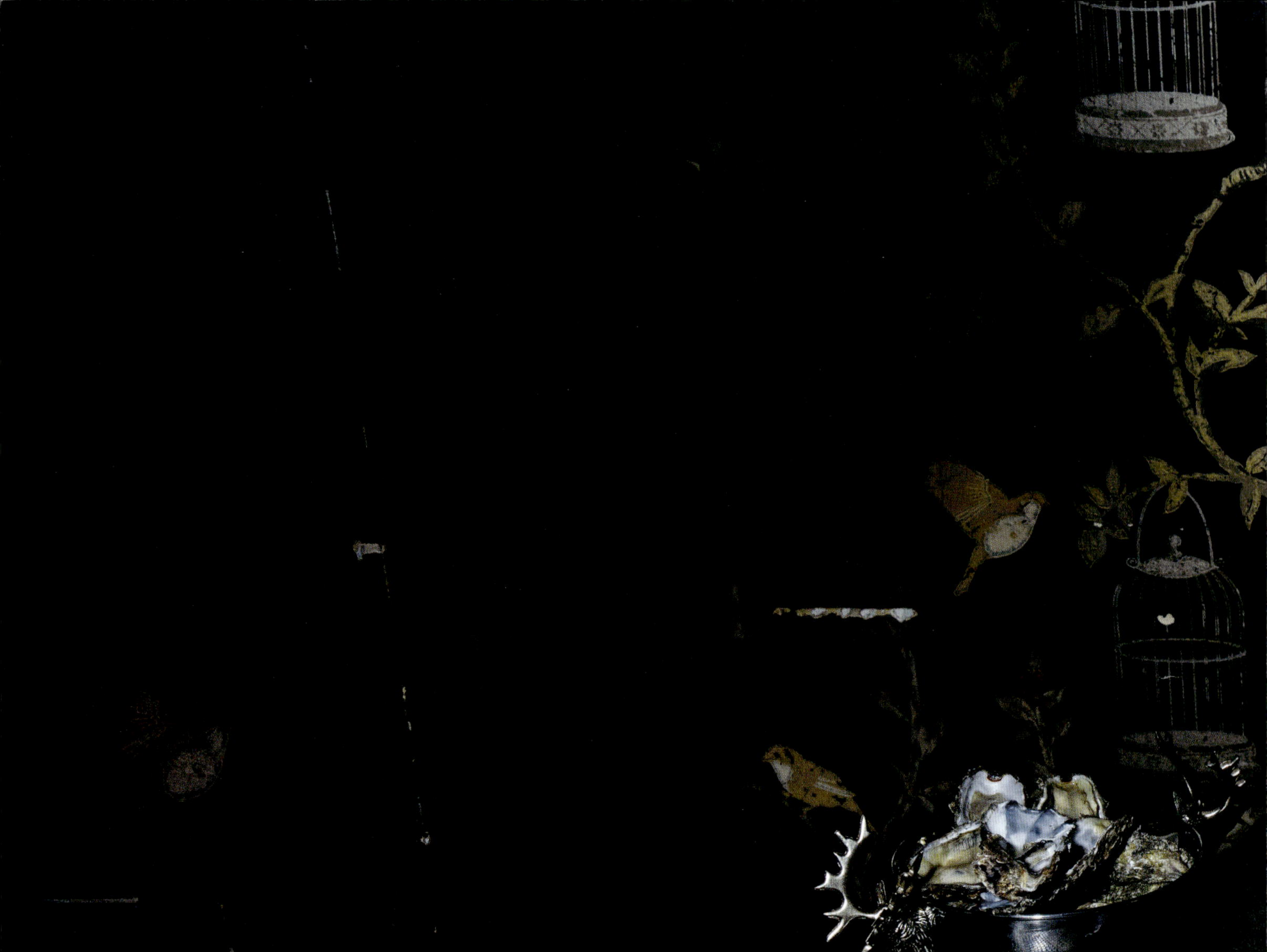

Trinken & schreiben

Cathrin Brandes hat sich von der Liebe zu gutem Essen und Trinken verleiten lassen, die Juristerei an den Nagel zu hängen und sich dafür eine Kochschürze umzubinden. Das ist schon eine Weile her. Zwischenzeitlich hat sie Feinkost produziert, einen Speisenklub und eine Pop Up Bar betrieben und einen Foodblog gestartet, in dem sie über Foodtrends berichtet. Außerdem trinkt sie gerne und schreibt auch noch darüber. Ihre nicht mehr ganz heimliche Liebe zu handgefertigten Spirituosen hat sie in einem dicken Buch verewigt. Das vorliegende Buch über die Berliner Getränkeszene war natürlich auch ihre Idee und wunderbarer Anlass, mit alten Freunden auf schöne Erinnerungen anzustoßen und Neuentdeckungen ordentlich zu begießen.

Drink and write

Cathrin Brandes was tempted by her love for good food and drinks to quit her job as a lawyer and wear an apron instead. That was a while ago. In the meantime she produced delicacies, ran a food club and a pop-up bar and started a blog about food trends. Furthermore she likes to drink and write about it. She preserved, her not so secret love for manufactured spirits, in a voluminous book. The present book is also her idea and a welcome occasion to toast with old friends to nice memories and to drink to new discoveries.

Cathrin Brandes in der Schwarzen Traube, Kreuzberg

SKYBAR im andel's Berlin

Im Cocktailhimmel

Dieser Blick! Über ganz Berlin kann man ihn schweifen lassen, denn in der SKYBAR in Lichtenberg befindet man sich auf ganzen 65 Metern Höhe. Die Bar ist rundherum komplett verglast und spätestens nach dem zweiten Drink meint man, über der Stadt zu schweben. Das urbane Interieur mit den stilvoll bunten Details ist genauso eine Freude für die Sinne wie die großartigen Drinks. Die Spirituosen-Auswahl ist exzellent. Das Team rund um den kreativen Kopf der Bar, Fabian Buhtz, ist versiert und erfüllt alle Wünsche, auch wenn sie nicht in der Karte stehen. Neben den Klassikern finden sich hauseigene Variationen im Berlin-Style wie z.B. Sex on the Landsberger Straße. Ach ja und bei schönem Wetter öffnet die Dachterrasse! Let's go East!

Cocktail heaven

This view - you can let your eye wonder over all Berlin, because when you are in the SKYBAR in Lichtenberg, you are 65 meters high. The bar is glassed in all around and after the second drink you think you are floating over the city. The urban interior with the stylish colorful details is a pleasure as well as the drinks. The selection of spirits is excellent and the team around the creative bar manager Fabian Buhtz is experienced and grants all request, even if they are not on the menu. Next to classics you find Berlin typical variations, like Sex on the Landsberger Straße, and in nice weather, the roof terrace opens. Let`s go east!

TIERGARTEN

5cl Tanquray Urkarotten Gin / *Tanquray Purple Carott Gin*
(Sous Vide hergestellt / *Sous Vide produced)*
2cl Frischer Zitronensaft / *Fresh lemon juice*
1,5cl Homemade Ingwersirup / *Homemade ginger syrup*

WILD TURKEY RYE
USA 50,5 3€
CAN. 43 6,50€
CAN. 44,4 4,50€
SCOT. 58,7 15,50€
RED BREAST 15 year
IRE. 46 8,50€
DE 38 2€
BEL 35 3€
Chimay Trappist
La Trappe Trappist
Blanche
Dolden Dark Porter
Berliner Berg Pale Ale
Berliner Berg Lager
Dolden Sud IPA

George R

Bar

Das Ende der Durststrecke

Darauf hat Moabit lange gewartet! Aber jetzt ist sie da: Eine wohl sortierte Bar mit gemütlicher Einrichtung, an der gut gemixte Drinks serviert werden. Man kann es nicht anders sagen: Die Betreiber des George R sind mutige Pioniere in einer der trostlosesten Gastro-Einöden der Hauptstadt. Ihre raffinierten Drinks erfreuen die Gäste umso mehr. George R war übrigens ein legendärer Schwarzhändler aus Zeiten der amerikanischen Prohibition. Während in den USA Konsum und Handel von Alkohol strikt verboten war, machte er mit illegal gebranntem Schnaps ein Vermögen. Ein wenig von der Old Fashioned Nostalgie ist im George R wieder zu spüren.

The end of the dry spell

That`s what Moabit was waiting for. Now it happened, a nicely designed restaurant with a fully stocked bar, serving well mixed drinks, you can`t say it any other way, the owners of George R, are brave pioneers in one of the more desperate barren restaurant areas of the capital. Because of that, the perfectly mixed drinks are even more appreciated. George R, by the way, was one of the legendary black market dealers. While during the prohibition in the USA the consumption and trade of alcohol was prohibited, he was making a fortune with illegal liquor, you can feel a little of the old fashion nostalgia in the George R.

MEKHONG MUD

5cl Mekhong Whisky
2cl Frischer Limettensaft
fresh lime juice
2cl Zitronengras-Sirup
lemongrass syrup
10 Blätter Thai-Basilikum
leafs thai basil

Schwarze Traube

Bar

Ein preisgekrönter Star ...

... unter den Berliner Bars liegt unauffällig im Kreuzberger Wrangelkiez. Erst muss man die Schwarze Traube überhaupt finden. Wenig Außenbeleuchtung, dunkle Beschriftung und dann ein kleines Schild an der Tür: "Klingeln und lächeln" steht da und während man noch dabei ist, öffnet der Chef Atalay Aktas persönlich die Tür. Genauso persönlich wie der Empfang ist die Atmosphäre in der intimen Bar. Edle schwarz-goldene Tapeten, Möbel wie im Boudoir. Wenig Licht. Verblasster Glanz. Keine Getränkekarte, sondern Beratung. Jeder Drink ist anders, genauso wie jeder Gast, jeder Abend, jede Stimmung. Atalay Aktas viel kopierter Stil hat ihn weit über Deutschland hinaus bekannt gemacht. Plätze sind rar in der Schwarzen Traube und heißbegehrt.

The award winning star ...

... among the Berlin bars is in a low-key location in the Kreuzberger Wrangel neighborhood. You have to find the Schwarze Traube in the first place, little outdoor lighting, a small and unlighted sign on the door, which says ring the bell and smile. While doing it, the owner Atalay Aktas personally opens the door. The atmosphere of the intimate bar is as personal as the welcome. Exquisite black-golden tapestry, furniture like in a boudoir, low lighting, faded glamour, no menu but good recommendations. Every drink is different, as well as every customer, every evening, every mood. The often copied style of Atalay Aktas made him known beyond Germany, seats are rare in the Schwarze Traube and very sought after.

FRITTIERTE BANANE / *FRIED BANANA*

In Kardomom und Kokosraspel ummantelte, frittierte Banane auf einer Sesambrötchenhälfte, bestrichen mit Erdnussbutter, Kokosnussmousse und schwarzer Traubenmarmelade, garniert mit Koriander.

Fried banana, coated with cardamom and coconut flakes, on half of a sesame bun, which is spread with peanut butter coconut mousse and black grape jelly, garnished with cilantro.

ALL IN

5cl Belmont Coconut Rum
2cl Isabela Cream Sherry
1 ds Walnut Bitter

Eiskalt gerührt und in eine Schale gestraint, mit Bananen Erdnussbutter Espuma getoppt.
Stirred ice-cold and strained, topped with banana-peanutbutter-espuma

Läuft! Wenn der Ösi mit dem Piefke...

Wenn es die Cordobar nicht schon gäbe, müsste man sie dringend erfinden. Das Konzept der lässigen deutsch-österreichischen Weinbar in Mitte mit der wunderbar riesigen Auswahl an offenen Weinen und den nerdigen Snacks hat in Berlin eingeschlagen wie eine Bombe. Seit der Eröffnung im Jahr 2013 hagelt es Preise und Lob, die Cordobar ist Vorbild für eine ganze Generation neuer Weinbars in der Stadt, ach was, in der Republik geworden. Ein Ort für Weinfreaks, gemacht von Weinfreaks. Gastronom Gerhard Retter (Ösi), Musiklabelbetreiber Christian Ellinghaus (Piefke) und Sommelier Willi Schlögl (Ösi) schenken einfach Wein aus der schmeckt. Ohne Chichi und Gedöns. Das läuft! Nicht unmaßgeblich am Erfolg beteiligt sind die in der Karte als Snack getarnten Kreationen von Küchenchef Lukas Mraz (auch Ösi). Die Blutwurstpizza und das falsche Tartar haben mittlerweile Kultstatus. Genauso wie die Weinkarte, die eigentlich ein Weinbuch ist und von Willi Schlögl liebevoll mit Stempeln wie „leer", „selbst getrunken" und „war gut" aktualisiert wird. Warum die Bar Cordobar heißt, wird hier übrigens nicht verraten. Entweder man weiß es schon, oder man erfährt es eben vor Ort.

Willi Schlögl und Lukas Mraz

Cordobar

Belle Naturelle 2015 von Alwin Jurtschitsch....ein Grüner Veltliner wie man diesen eigentlich nicht kennt....auf der Maische vergoren und unfiltriert ist er der trinkigste „orangewine“ aus Österreich!

Belle Naturelle 2015 of Alwin Jurtschitsch, a „Grürner Veltliner“ like no other, fermented on the mash and unfiltered, it is one of the most drinkable “orange wines” of Austria.

When the Austrian (Ösi) meets the Berliner (Piefke)...

If the Cordobar wouldn`t exist, it would have to be invented. The concept behind the casual German-Austrian wine bar in Mitte with the wonderful, extensive selection of open wines and "nerdy" snacks hit Berlin like a bomb. Since the opening in 2013, it is awarded and praised. Cordobar is a model for a whole generation of new wine bars in Berlin - what am I saying - in all of Germany. A place for wine freaks, run by wine freaks. Gastronomer Gehard Retter (Ösi), music-label owner Christian Ellinghaus (Piefke) and sommelier Willi Schlögl (Ösi) are offering wine that just tastes good. Unpretentious and without fuss, that works. A significant role play the creations disguised as snacks in the menu, designed by chef Lukas Mraz (also Ösi). The black pudding pizza and the fake tartar are cult by now, as well as the wine menu, which is actually a wine book and is updated by Willi Schlögl with stamps like "empty", "drunk by myself" or "was good". Why the bar is called Cordobar will not be told here, either you know or you find out at the bar.

GEFRORENER KOPFSALAT MIT VERVEINE UND KNUSPRIGER HÜHNERHAUT

FROZEN LETTUCE WITH VERBENA AND CRISPY CHICKEN SKIN

KOPFSALATSORBET. Von 2 Kopfsalaten den Strunk und größere Blätter zu Saft verarbeiten und die restlichen Blätter mit Papier abgedeckt kalt stellen. 20g Sushi-Essig, 1g Agar und 10g Glukose in Thermomix auf 100°C für 3 Min. kochen, ein Blatt eingeweichte Gelatine, 100 ml Kopfsalat-Saft und 1 g Salz hinzufügen. Im Paco Jet Becher oder einem anderen Rührgerät über Nacht einfrieren.

VERVEINE DRESSING. 5g Verveine Balsam, 23g Eiweiß, 20g Joghurt mit Salz, Zitrone und Pfeffer abschmecken und mixen.

HÜHNERHAUT. 200g Hühnerhaut vom Fett trennen, zwischen Backpapier ausbreiten und salzen. Zwischen zwei Bleche legen, mit Steinen beschweren und bei 170°C 40 Min. backen.

ANRICHTEN. In 4 kleine Schüsseln je 2 EL Dressing geben, darauf eine Kugel des Sorbets setzen. Die Salatblätter mit etwas Verveine Balsam und Olivenöl marinieren und mit den Blättern um die Kugel Eis einen Salatkopf kreieren. Mit Hühnerhaut, Schnittlauchblüten und Bronze Fenchel garnieren.

LETTUCE SORBET. Using the stem and the outer leafs of two heads of lettuce, turn it into juice, place the rest of the lettuce in the refrigerator to keep cool. Cook 20g sushi-vinegar, 1 g agar and 10g glucose in a thermomix at 100°C for 3 minutes, add a softened sheet of gelatin, 100ml lettuce juice and 1g salt. Freeze in a paco jet cup or another mixer overnight.

VERBENA DRESSING. Mix together 5g verbena, 23g egg white, 20g yoghurt, and season to taste with salt, lemon juice and pepper.

CHICKEN SKIN. Take the fat off 200g chicken skin spread it between to sheets of baking paper, salted, put it between two baking sheets and weigh down with stones and bake at 170°C for 40 minutes.

SERVE. Take 4 bowls and put 2 tbsp dressing in each bowl add a scoop of sorbet, marinate the lettuce that was set aside with the verbena dressing and olive oil and arrange the lettuce around the sorbet in a form of a head of lettuce, garnish with the crispy chicken skin and chive flowers and bronze fennel.

Galander Liquor Store

Stilvoll einkaufen

Die schöne Großbeerenstraße in Kreuzberg ist um einen Anziehungspunkt reicher geworden. Und hochprozentiger! Dominik Galander hat direkt neben seinem Stammhaus, der Galander Bar Kreuzberg, einen stilvollen Liquor Store eröffnet. Hier vertreibt der umtriebige Gastronom seine hauseigenen Liköre, eine Serie ungewöhnlicher Rezepturen aus Omas Rezeptbuch wie z.B. den Senflikör. Aber natürlich nicht nur. Über 650 handverlesene Spirituosen stehen den Kunden zur Auswahl, ein Großteil davon wird auch in den Galander Bars eingesetzt und sind den Stammgästen wohlbekannt. Der Store lockt auch mit seinem stilsicheren Ambiente, einer Mischung aus Industrial Style und antiker Eleganz, und mit dem Angebot vieler Probiermöglichkeiten, Workshops und geführten Verkostungen.

Stylish shopping

The beautiful Großbeerenstraße in Kreuzberg has become richer by one more attraction and more high-proof. Dominik Galander opened an elegant liquor store right next to his original store, the Galander Bar Kreuzberg. Here the active Restaurateur sells, besides other things, his homemade liqueurs, a series of unusual recipes from grandmas cookbook like the mustard liqueur. But not only that - over 650 carefully chosen spirits are for sale, a big part used in the Galander Bars and well known by the regular customers. The store attracts because of its stylistically confident ambience, a mixture of industrial style and elegances, and also because of the workshops and many guided tastings.

Lars Junge

Hardenberg
über 1 Jahr
im Eichenholzfaß gereift

"BLACK&W
SCOTCH W

Sascha Klinke

ZNAIDA VERMOUTH BERLIN

Spirituosenhersteller / Producer of spirits

The Grand Berlin

The sweet'n'bitter truth

Auf der Zunge ist er erst ein wenig süß, am Gaumen wird er säuerlich-fruchtig und gegen Ende gleitet er mit einer leicht bitteren Note die Kehle hinunter. ZNAIDA VERMOUTH ist eine geschmacklich gekonnte Hommage an das Leben in Berlin: süß und bitter mit Auf und Abs.

Und vielseitig: Man trinkt ihn pur auf Eis, als Spritz oder im Cocktail. Die gebürtige Berlinerin Silvia Schneider hatte bei der Kreation ihres ZNAIDA eine Vision: Einen modernen, urbanen und vor allem echten Wermut für die Hauptstadt zu entwickeln. Echt: Das heißt, der richtige Anteil von frischem Weißwein vereint mit natürlichen Essenzen. Die ZNAIDA Rezeptur aus italienischen Trauben und 36 Botanicals ist in Berlin entstanden, aber die Zutaten sind genauso weitgereist wie die abenteuerlustige Schöpferin. Geschmack und Qualität sind ihr besonders wichtig, der Spaß am Trinken kommt dann von alleine. Ein echtes Hauptstadtkind!

The sweet'n'bitter truth

It is a little sweet on the tongue, on the palate a little acidic-fruity and in the end it goes down with a little bitter note. "Znaida Vermouth" is a flavorful tribute to the life in Berlin - sweet and bitter with ups and downs. It is very versatile, to drink neat, or on the rocks, as spritzer or cocktail. The born Berliner Silvia Schneider had a vision creating her "Znaida Vermouth". She wanted to create modern, urban and especially genuine vermouth for the capital. Genuine means to combine the right amount of fresh white wine with natural essences. The "Znaida" recpie, including Italian grapes and 36 botanicals, originated in Berlin, but the ingredients are as far travelled as the adventurous Miss Znaida, taste and quality are very important for her, the fun drinking it comes by itself. A real child of the capital.

THE GRAND ZNAIDA TWIST
by Sascha Klinke
Barchef The Grand Berlin

3cl ZNAIDA VERMOUTH Bianco
3cl London Dry Gin
1 BL Maraschino (*Barspoon*)
2 dash Peychaud Bitter
2 dash Grapefruit Bitter
Orangenschale / *orange zest*

Die Bergsteiger aus Neukölln

Der Name einer der jüngsten Craft-Beer Brauereien Berlins deutet die Geschichte des Standorts in Neukölln an: Früher als der Bezirk noch Rixdorf hieß, befanden sich auf dem Berliner Rollberg mehrere große Brauereien. Junge Brauer entdeckten Anfang der 2000er den Standort für sich neu, nachdem er lange brach lag für die Braukunst. Jetzt wird auf dem Rollberg und drumherum auf einmal wieder Bier gebraut. Auch die Gründer von Berliner Berg haben sich hier eingefunden. Sie haben einen Schankraum in typischem Neuköllner Charme liebevoll saniert und in der Remise auf dem Hof die Brauerei eingerichtet. Uli Erxleben, Finn Hänsel und Robin Weber hatten schon Erfahrung mit Start-ups, Unternehmen gründen konnten sie. Nur vom Brauen hatten sie nicht so die Ahnung. Dafür aber das große Glück mit Richard Hodges einen erfahrenen Craft-Beer Brauer zu gewinnen. Der gebürtige Amerikaner hatte sich in Bayern zum Brauer- und Mälzermeister ausbilden lassen; an Ideen und Expertise für die Verschmelzung von deutscher Braukunst und Craft-Beer Tradition mangelte es also nicht. Sie sind auf dem besten Weg ihrem erklärten Ziel, die handwerkliche Braukunst nach Berlin zurückzubringen und damit eine verlorengegangene Tradition wieder aufleben zu lassen, nähergekommen.

Berliner Berg

Brauerei / *Brewer*

TAPE OVER
BERLINER BERG BRAUEREI
Bier

The mountain climbers from Neukölln

The name of one of the youngest craft-beer breweries in Berlin links to the history of the location in Neukölln, because in former times, when the district was called Rixdorf, the Berliner Rollberg was the location of some bigger breweries. In the beginning of 2000, after the area was not used anymore by breweries for quite some time, young brewers rediscovered the location, and now suddenly on Rollberg beer is brewed again. Also the creators of "Berliner Berg" arrived here and refurbished the taproom in the typical Neukölln appeal, while using a shed in the courtyard as a brewery. Uli Erxleben, Finn Hänsel and Robin Weber already had experience with start-ups, totally capable of starting companies, but they had no clue about brewing, but lucky enough, could win the craft-beer brewer Richard Hodges for the project. The American went to Bavaria to become a qualified brewer, so there was no lock of ideas and expertise to fuse the German art of brewing and craft-beer traditions. So they are on the right track to achieve their objective: to return the craft of brewing to Berlin and revive the lost tradition.

Wein, Kultur & Trash

Das gab es noch nicht in der Stadt. Edel & Faul ist ein neuer Raum für Veranstaltungen rund um das Thema Wein. Eine Plattform für Sommeliers, Winzer, Weinfreunde, für Weinkenner und solche, die es werden wollen. Der Sommelier und Weinakademiker Frank Krüger hat seinen beliebten Weinabenden ein Zuhause in Mitte gegeben und lässt nun die Korken bei der Programmplanung knallen. Dabei kombiniert er schamlos Edles mit Trash, Hochkultur mit Weinpop, Seriosität mit Augenzwinkern und schafft so höchst unterhaltsame und eigenständige Formate: „Bubbles, Gossip and Decadence" kombiniert ausgesuchte Champagner mit trashigen Film-Einspielern legendärer Genießerpersönlichkeiten, während sich deutscher Spätburgunder mit französischem Pinot Noir beim "Burgunder Battle" duelliert. Weiteres ist in Planung, es wird auch klassische Tastings zu Weinen, Regionen und Winzern geben und mieten kann man den Raum natürlich auch. Spaß und Wein immer inklusive!

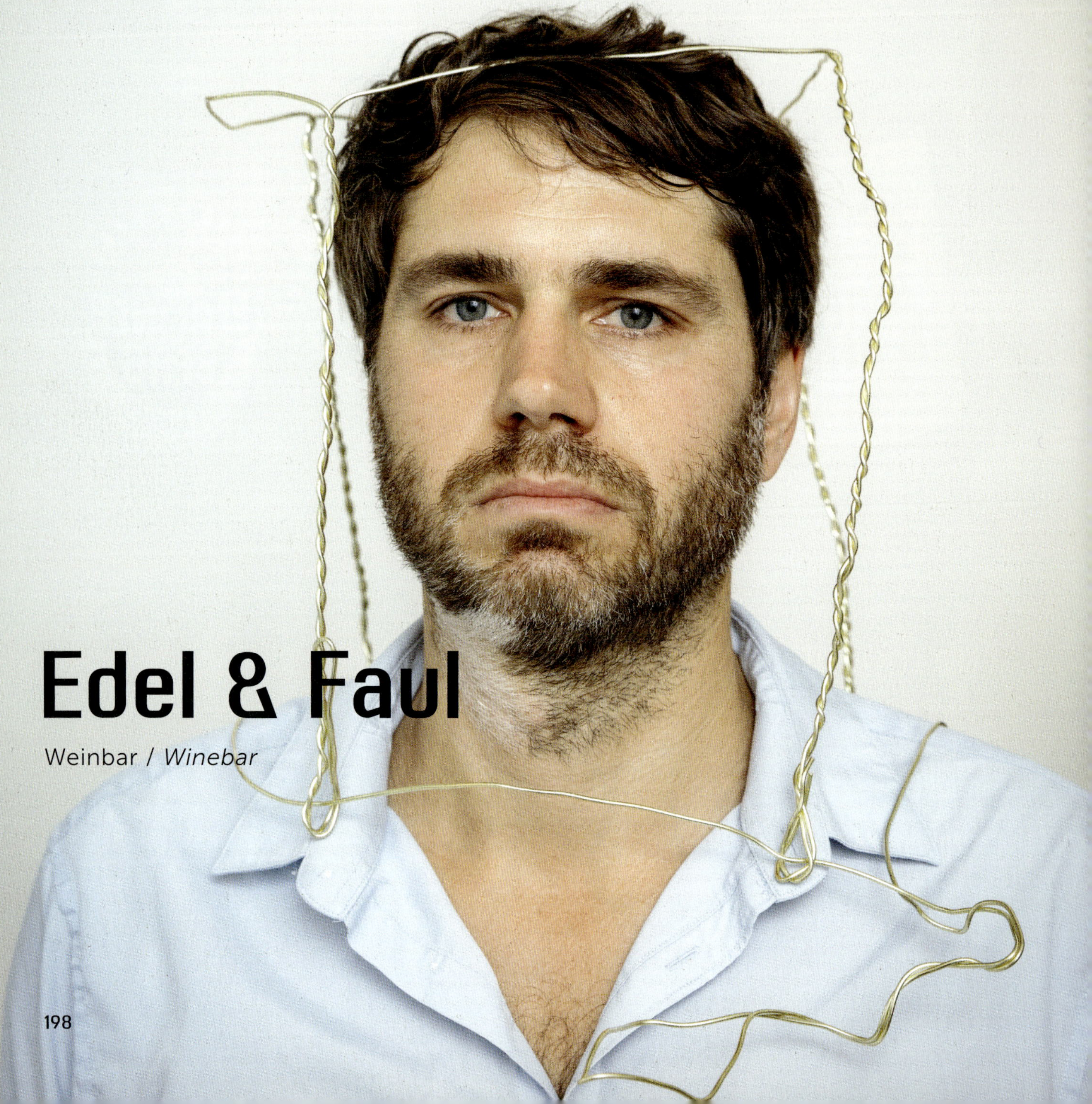

Edel & Faul

Weinbar / *Winebar*

EDEL
&
FAUL
Champagne

Wine, Culture & Trash

This is unique in town. Edel & Faul is a space for events all about wine. A platform for sommeliers, wine growers, wine friends, for wine connoisseurs and those who want to become one. The sommelier and wine graduate Frank Krüger has given a home to his popular wine evenings. Shamelessly he combines nobility with trash, high culture with wine pop, seriousness with humor and so creates an entertaining and unique format: "Bubbles, Gossip and Decadence" combines selected Champagne with trashy movie clips of legendary connoisseurs, while German and French Pinot Noir fight a duel during the Burgundy battle. More is planned, there will also be classic tastings of wines, regions and wine makers and certainly you can rent the room - fun and wine inclusive.

2015 RIESLING GIPSKEUPER
JOCHEN BEURER, WÜRTTEMBERG

Jochens Weine beobachte ich seit langen Jahren und jedes Jahr steigert der Mann sein Level. Er ist für mineralische & charaktervolle Rieslinge zuständig - ein höchst eigenständiger Stil in Württemberg! Reife exotische Früchte, Zitrus mit herbem Würzdruck und kühl – salzig in der Länge.

I observed Jochens wines for many years and he increases his level every year. He is responsible for Rieslings that are mineral and full of character, a highly autonomous style in Wüttemberg, ripe exotic fruit, citrus with tart spices and cool- salty finish.

2014 LES SAULNIERS DOMAINE DE LA CADETTE
VEZELAY/BOURGOGNE

Auf dem Weg von Chablis an die Côte d'Or liegt die Domaine de La Cadette, die seit 2004 im Familienbesitz ist und biodynamische bewirtschaftet wird. Die Lage „Les Saulnier" enthält viel Eisenoxid, deshalb bekommt man hier einen mineralisch – salzigen Chardonnay mit eher gelben Fruchtaromen bei enormer Würze.

On the way from Chablis to the Côte d´Or is the Domaine de La Cadette situated, since 2004 family owned and organically farmed. The location "Les Saulnier" contains a lot of iron oxide, so you get a mineral-salty Chardonnay with more yellow fruit aromas and enormous spiciness.

2013 CHIROUBLES „CUVÉE VIEILLES VIGNES" DAMIEN COQUELET, BEAUJOLAIS

Kühle, frische Weine stehen ja bei den Weinfreaks momentan hoch im Kurs. Damien Coquelet zeigt mit seiner Beaujolais Cru Lage Chiroubles wie es geht: Ein Vin Naturel (minimal geschwefelt!) aus der höchsten Lage des Gebietes mit wilden Brombeeren, Anis, Unterholz und herben Kräutern. Dabei saftig, mineralisch und enorm würzig.

Cool, fresh wines are very popular among the wine freaks in the moment. Damien Coquelet demonstrates with his Beaujolais Cru Chiroubles how to do it, a natural wine (minimal Sulphur) from the highest level of this area, with wild blackberries, anise, brush and tart herbs, at the same time succulent mineral and enormously spicy.

2010 BRUT NATURE GRAN RESERVA „RELATS", RECAREDO

Recaredo ist das Gegenteil von Cava Langeweile! Top Lesegut! Extrem trocken! Extrem langes Hefelager! Immer Jahrgangs-Cava! Alles Handarbeit und biodynamisch sowieso! Rassig, Zitrus, Bittermandel, salzig, herb mit feinstem Mousseux. Großartiges Zeug!

Recaredo is the opposite of Cava boredom! Top harvest! Extremely dry! Very long yeast storage! Always vintage Cava! Everything manually produced and organic anyways, classy, citrus, bitter almond, salty, tart with finest mousseux. Great stuff!

Absinth Depot Berlin

Shop

Die grüne Fee von Berlin

Ein Hauch von Sünde und Verruf umweht diese fast schon mystische Kräuterspirituose, die jahrzehntelang in fast aller Welt verboten war. Legenden und Sagen rankten sich um die süchtigmachende Wirkung des Absinths, berühmte Konsumenten wie Oscar Wilde, Toulouse-Lautrec oder van Gogh verstärkten den Mythos des Rausches. Just als Absinth aus dem kollektiven Gedächtnis fast verschwunden war, wurde die Spirituose aus Wermut und Anis wieder genehmigt. Das war die Geburtstunde des Absinth Depots von Hermann Plöckl, der seit über 15 Jahren alles parat hält, was die Herzen der Freunde des auch „grüne Fee" genannten Getränks begehren. Neben einer interessanten Auswahl internationaler Absinthe, gibt es in dem schönen Laden mitten in Mitte auch passende Gläser und sonstiges stilvolles Zubehör für die „grüne Stunde".

The green fairy of Berlin

An air of sin disrepute wafts around this almost mystical herb liquor. That was forbidden for decades almost all over the world. Legends and myths have grown around the addicting effect of Absinth. The famous consumers like Oscar Wilde, Toulouse Lautrec or Van Gogh make the myth even stronger. Just as Absinth almost completely disappeared from the collective memory, the liquor from vermouth and anise was legalized again. This was the moment of birth for the Absinth Depot of Hermann Plöckl, who provides everything the friends of the drink call "green fairy" desires. Next to an interesting choice of international Absinth, the beautiful store in Mitte offers matching glasses and other stylish accessories for the "green fairy".

ROQUETTE 1797, EMILE PERNOT, FRANKREICH
Das Aroma ist überaus komplex mit einer deutlichen Wermutnote. Die Färbung, ein zartes Grün, erfolgt mit Hilfe der klassischen Absinthpflanzen Fenchel, grüner Anis und Wermut / *The Aroma is extremely complex with a distinct note of wormwood. The color is a soft green, because of the classic Absinth plants, fennel, green anise and wormwood.*

CLANDESTINE, ARTÉMISIA-BUGNON, SCHWEIZ
Der Clandestine ist schon heute ein Klassiker unter den Schweizer Absinthen, ein milder, fast schon süßer Bleue aus dem Val-de-Travers auf höchstem Niveau / *The Clandestine is already a classic among the Swiss Absinths, a mild, almost sweet Bleue from Val-deTravers on the highest level.*

VERTE DE FOUGEROLLES, PAUL DEVOILLE, FRANKREICH
Der Geschmack ist eher kräuterlastig mit einer starken Präsenz von bitterem Wermut. Grüner Anis und Fenchel verleihen ihm eine charaktervolle Süße, die im Hintergrund ablesbar bleibt. / *The taste is distinctly herbal with a strong presents of bitter wormwood. Green anise and fennel give it a characterful sweetness that is present in the background.*

FRANÇOIS GUY, DISTILLERIE GUY, FRANKREICH
Der `François Guy´ ist ein kräftiger und zugleich unglaublich milder Absinth, nicht ohne Grund hat er zwischen 2004 und 2006 dreimal in Folge die Absinthiades gewonnen / *The ´Francois Guy´ is a robust and at the same time a mild Absinth, not without reason it won Absinthiades three times between 2004 and 2006.*

LASALA, LASALA DESTILLERIE, SPANIEN
Ein traditioneller spanischer Absinth ohne künstliche Zusatzstoffe mit mildem, anislastigem Geschmack und sehr gutem Preis-Leistungsverhältnis / *A traditional Spanish Absinth without artificial additives, with the mild taste, focused on anise and a very good quality-price ratio.*

A
Absinth-Depot
Berlin

Explore Berlin

893 Ryōtei // Kantstraße 135, 10625 Berlin // +49 30 91703121 // www.893ryotei.de
Absinth Depot // Weinmeisterstraße 4, 10178 Berlin // +49 30 2816789 // www.absinth-berlin.de
Alto Bar // Adina Hotel, An der Spandauer Brücke 11, 10178 Berlin // +49 30 2096980 // www.adina.eu/alto
Bar am Steinplatz // Hotel am Steinplatz, Steinplatz 4, 10623 Berlin // www.hotelsteinplatz.de
Bar Franzotti // Kreuzbergstraße 71, 10965 Berlin // +49 30 53045771// www.franzotti.de
Bar Immertreu // Christburger Straße 6, 10405 Berlin // +49 157 85921221 // www.bar-immertreu.de
Barracuda Barcatering // Rhinstraße 113, 10315 Berlin // +49 162 1090899 // www.barracuda-barcatering.de
Becketts Kopf // Pappelallee 64, 10437 Berlin // +49 30 44035880 // www.becketts-kopf.de
Belsazar Vermouth // Schlesische Straße 28, 10997 Berlin // +49 30 23608786 // www.belsazar-vermouth.com
Berliner Berg // Kopfstraße 59, 12053 Berlin // +49 30 64435906 // www.berlinerberg.com
Beuster Bar // Weserstraße 32, 12045 Berlin // +49 30 41959780 // www.beusterbar.com
Bierlieb // Petersburger Straße 30, 10249 Berlin // +49 30 42806400 // www.bierlieb.de
BRLO // BRWHOUSE, Schöneberger Straße 16, 10963 Berlin // www.brlo.de
Cathrin Brandes // www.tidbits.de
Coda Dessert Bar // Friedelstraße 47, 12047 Berlin // +49 30 91496396 // www.coda-berlin.com
Comptoir du Cidre // Markthalle Neun, Eisenbahnstraße 42-43, 10997 Berlin // +49 1573 2747859 // www.facebook.com/comptoirducidre
Cordobar // Große Hamburger Str. 32, 10115 Berlin // +49 30 27 58 12 15 // www.cordobar.net
Delicious Berlin // Pariser Str. 54, 10719 Berlin // +49 30 56596618 // www.delicious-berlin.de
Duke Bar & Lounge // Ellington Hotel, Nürnberger Str. 50-55, 10789 Berlin // www.ellington-hotel.com
Edel & Faul // Veteranenstraße 16, 10119 Berlin // +49 172 1594097 // www.edelundfaul.de
Eschenbräu // Triftstraße 67, 13353 Berlin // +49 162 4931915 // www.eschenbraeu.de
Fuldwerk // Altonaer Str. 1, 10557 Berlin // +49 30 5544046410 // www.fuldwerk.de
Galander Charlottenburg // Stuttgarter Platz 15, 10627 Berlin // +49 30 36465363 // www.galander-berlin.de
Galander Kreuzberg // Großbeerenstraße 54, 10965 Berlin // +49 30 98368379 // www.galander-berlin.de
Galander Liquor Store // Großbeerenstraße 54, 10965 Berlin // +49 30 98368379 // www.galander-berlin.de
Gentle Gin // (at) Le Labo, Charlottenstraße 2, 10969 Berlin // www.gentlegin.de
George R // Wilhelmshavener Str. 57, 10551 Berlin // +49 30 52666933 // www.george-r.de
Gin Chilla // Warschauer Str. 33, 10243 Berlin // +49 30 76748476 // www.gin-chilla-bar.de
Hammers Weinkostbar // Körtestraße 20, 10967 Berlin // +49 30 69818677 // www.hammers-wein.de
Heidenpeters // Markthalle Neun, Eisenbahnstraße 42-43, 10997 Berlin // www.heidenpeters.de
Jan-Peter Wulf // www.nomyblog.de // www.japewu.de
Katz Orange // Bergstraße 22, 10115 Berlin // +49 30 983208430 // www.katzorange.de
Lebensstern // Kurfürstenstraße 58, 10785 Berlin // +49 30 26391922 // www.lebensstern-berlin.de
Mampe Spirituosen // Am Tempelhofer Berg 6, 10965 Berlin // +49 30 208484470 // www.mampe.berlin
Meckatzer // Meckatz 10, 88178 Heimenkirch // +49 8381 5040 // www.meckatzer.de
Meryem Celik // www.radioeins.de
Mezcaleria Berlin // +49 30 61286519 // www.mezcaleria.de
Monkey Bar // 25hours Hotel, Budapester Str. 40, 10787 Berlin // +49 30 120221210 // www.25hours-hotel.com
Panama Bar // Potsdamer Straße 91, 10785 Berlin // +49 30 983208435 // www.panama-bar.de
Pauly Bar // Auguststraße 11-13, 10117 Berlin // +49 30 33006070// www.paulysaal.com/bar
Peter Eichhorn // www.eichiberlin.com
Pijökel // Marienburger Str. 7, 10405 Berlin // +49 30 40574624 // www.pijoekel.de
Preussische Spirituosen Manufaktur // Seestraße 13, 13353 Berlin // +49 30 45028537 // www.psmberlin.de

Bar am Steinplatz

Rum Trader // Fasanenstraße 40, 10719 Berlin // +49 30 8811428
Schwarze Traube // Wrangelstraße 24, 10997 Berlin // +49 30 23135569// www.schwarzetraube.de
Schwein // Elisabethkirchstraße 2, 10115 Berlin // +49 30 24356282 // www.schwein.online
Skybar // andel´s Berlin, Landsberger Allee 106, 10369 Berlin // +49 30 4530532614 // www.viennahouse.com
Staatl. Fachingen // Brunnenstr. 11, 65626 Birlenbach OT Fachingen // +49 (0)6432-9834-0 // www.fachingen.de
Stone Brewing // Im Marienpark 22, 12107 Berlin // +49 30 2123430 // www.stonebrewing.eu
Straßenbräu // Neue Bahnhofstraße 30, 10245 Berlin // +49 30 55527550 // www.strassenbraeu.de
Stue Bar // Das Stue, Drakestraße 1, 10787 Berlin // +49 30 3117220 // www.das-stue.com
Sylvia Kopp // www.bierbotschaft.de
Tante Frizzante // Hermannstraße 95, 12051 Berlin // +49 30 62900331 // www.tantefrizzante.de
Thal // Wielandstraße 38, 10629 Berlin // +49 30 54710551 www.thalberlin.de
Theo Ligthart // www.theoligthart.com // www.destilleberlin.de
Thomas Henry // Bessemerstraße 22, 12103 Berlin // +49 30 757657950 // www.thomas-henry.de
Weiß Blau // Knobelsdorffstraße 37, 14059 Berlin // +49 30 36410163 // www.weiss-blau.de
Wild Things // Weserstraße 172, 12045 Berlin // +49 30 62731567 // www.wildthingsberlin.de
Zimtzitze // +49 30 83214171 // www.zimtzitze.de
Znaida Vermouth // www.znaida.com
Zum Starken August // Schönhauser Allee 56, 10437 Berlin // +49 30 25209020 // www.zumstarkenaugust.de
Zyankali Bar //Gneisenaustraße 17, 10961 Berlin // +49 30 68830170 // www.zyankali.de